आत्म-विकास की अन्य श्रेष्ठ पुस्तकें

जीवन में सफल होने के उपाय	68/-
सफल वक्ता एवं वाक्-प्रवीण कैसे बनें	96/-
निराशा छोड़ो सुख से जिओ	96/-
खुशहाल जीवन जीने के व्यावहारिक उपाय	96/-
सार्थक जीवन जीने की कला	96/-
मन की उलझनें कैसे सुलझाएं	80/-
भय मुक्त कैसे हों	72/-
व्यवहार कुशलता	60/-
साहस और आत्मविश्वास	80/-
अपना व्यक्तित्व प्रभावशाली कैसे बनाएं	88/-

वी एण्ड एस पब्लिशर्स की पुस्तकें

देश-भर के रेलवे, रोडवेज़ तथा अन्य प्रमुख बुक स्टॉलों पर उपलब्ध हैं। अपनी मनपसंद पुस्तकों की मांग किसी भी नजदीकी बुक स्टॉल से करें। यदि न मिलें, तो हमें पत्र लिखें। हम आपको तुरंत भेज देंगे। इन पुस्तकों की निरंतर जानकारी पाने के लिए विस्तृत सूची-पत्र मंगवाएं या हमारी वेबसाइट देखें!

www.vspublishers.com

पूर्णयता संशोधित एवं
परिवर्द्धित संस्करण

बच्चों की प्रतिभा कैसे उभारें

Improve YOur Children's Talents to the Full

चुन्नीलाल सलूजा

वी एण्ड एस पब्लिशर्स

प्रकाशक

F-2/16, अंसारी रोड, दरियागंज, नई दिल्ली-110002
23240026, 23240027 • फैक्स: 011-23240028
E-mail: info@vspublishers.com • *Website:* www.vspublishers.com

क्षेत्रीय कार्यालय : हैदराबाद
5-1-707/1, ब्रिज भवन (सेन्ट्रल बैंक ऑफ इण्डिया लेन के पास)
बैंक स्ट्रीट, कोटी, हैदराबाद-500 095
040-24737290
E-mail: vspublishershyd@gmail.com

शाखा : मुम्बई
जयवंत इंडस्ट्रिअल इस्टेट, 2nd फ्लोर - 222,
तारदेव रोड अपोजिट सोबो सेन्ट्रल मॉल, मुम्बई - 400 043
022-23510736
E-mail: vspublishersmum@gmail.com

फ़ॉलो करें:

हमारी सभी पुस्तकें **www.vspublishers.com** पर उपलब्ध हैं

© **कॉपीराइट:** *वी एण्ड एस पब्लिशर्स*
ISBN 978-93-814485-5-7
संस्करण: 2015

भारतीय कॉपीराइट एक्ट के अन्तर्गत इस पुस्तक के तथा इसमें समाहित सारी सामग्री (रेखा व छायाचित्रों सहित) के सर्वाधिकार प्रकाशक के पास सुरक्षित हैं। इसलिए कोई भी सज्जन इस पुस्तक का नाम, टाइटल डिजाइन, अन्दर का मैटर व चित्र आदि आंशिक या पूर्ण रूप से तोड़-मरोड़ कर एवं किसी भी भाषा में छापने व प्रकाशित करने का साहस न करें, अन्यथा कानूनी तौर पर वे हर्जे-खर्चे व हानि के जिम्मेदार होंगे।

मुद्रक: परम ऑफसेटर्स, ओखला, नई दिल्ली-110020

बच्चों की प्रतिभा पूर्णतया विकसित करने, प्रत्येक कार्य में प्रवीणता लाने, समस्त गुण-अवगुणों पर पूरा-पूरा ध्यान देने और उचित-अनुचित का ज्ञान कराने की यह अनुपम सामग्री जो एक मनोवैज्ञानिक विधि का नमूना है। अभिभावकों को पग-पग पर बच्चों के प्रति व्यावहारिक व सैद्धांतिक सुझाव देने में यह पुस्तक अत्यंत सहायक है।

★ प्रतिभा के सही मायने हैं, बुद्धि में नई-नई कोपलें फूटते रहना, यानी नई कल्पना, नया उत्साह, नई खोज, नई स्फूर्ति, ये सब प्रतिभा के लक्षण हैं।

—विनोबा भावे

★ शिक्षा का यह लक्ष्य नहीं है कि बालक को मात्र पढ़ने-लिखने में लगा दिया जाए, अपितु उसके सभी प्राकृतिक कार्यों में सहयोग देकर उसकी विभिन्न शक्तियों का विकास किया जाना चाहिए।

—रूसो

★ बालक ही परमात्मा के देवदूत हैं, जो नित्यप्रति मनुष्य को प्यार, आशा व शांति का पाठ पढ़ाने आते हैं।

—जे.आर. लायल

★ बालक को प्रसन्न रखना ही उसमें सुधार करना है।

—आस्कर वाइल्ड

★ शिक्षा का अर्थ बालक के मन में विभिन्न प्रकार की जानकारियां भरना नहीं बल्कि उसे ज्ञान, चरित्र व संस्कृति की ओर प्रेरित करना है।

—अरविन्द घोष

स्वकथन

बच्चे राष्ट्र का भविष्य होते हैं। इस भविष्य की आधारशिला वर्तमान में ही रखी जाती है। यही कारण है कि सरकार और समाज बच्चों के भविष्य के प्रति उदासीनता नहीं बरतता। भारत के संविधान में भी इस बात का विशेष ध्यान रखा गया है कि बच्चों के व्यक्तित्व विकास में किसी भी स्तर पर उपेक्षा न बरती जाए। अनिवार्य और नि:शुल्क प्राथमिक शिक्षा के पीछे भी लक्ष्य यही है कि व्यक्तित्व विकास के वे सभी अवसर उपलब्ध कराए जाएं, जो उनके लिए आवश्यक हैं। सरकार व्यापक स्तर पर व्यक्तित्व विकास के लिए पर्याप्त प्रयास करती है, लेकिन यह एक शाश्वत सत्य है कि इस में जो घटक काम करते हैं, उनकी जानकारी के बिना व्यक्तित्व विकास संभव नहीं है। अभिभावकों की देखभाल, पारिवारिक वातावरण द्वारा उनमें निहित क्षमताओं का विकास, प्रतिभा को निखरने के अवसर, प्रोत्साहन, वर्जित व्यवहारों पर अंकुश, मनोवैज्ञानिक व्यवहार, संवेगों का शमन आदि ऐसे कार्य-व्यवहार हैं, जिनके द्वारा बच्चों के व्यक्तित्व को नई दिशा दी जा सकती है।

अभिभावकों, शिक्षकों की भूमिका कुम्हार के समान होती है। जिस प्रकार से कुम्हार कच्चे घड़े को ठोंक-ठोंक कर उसके दोष निकालता है, लेकिन चोट मारते समय अंदर अपने हाथ का सहारा दिए रहता है। बस, कुछ ऐसी ही सोच अभिभावकों, शिक्षकों, समाज सुधारकों की होनी चाहिए। वास्तव में बच्चों में पड़े हुए ऐसे अच्छे संस्कार ही उन्हें उत्तम नागरिक होने का गर्व, गौरव दिलाते हैं और वे संपर्क में आने वाले व्यक्तियों को प्रभावित कर उनके दिल में स्थान पाते हैं। व्यावहारिक जीवन में ये छोटी-छोटी बातें ही उनकी सफलता का आधार बनती हैं और उनके व्यक्तित्व को प्रभावी बनाती हैं।

इस पुस्तक के माध्यम से अभिभावकों, शिक्षकों, समाज सुधारकों और समाज सेवियों के सामने कुछ ऐसे ही व्यवहार, जानकारियां और मनोवैज्ञानिक तथ्य प्रस्तुत कर बच्चों के व्यक्तित्व विकास पर प्रकाश डाला गया है। वास्तव में यह पुस्तक अभिभावकों, शिक्षकों और समाज-सुधारकों के लिए एक ऐसा ग्रंथ है, जिससे न केवल वे बच्चों को पारिवारिक अपेक्षाओं के अनुरूप बना सकेंगे, बल्कि उनमें जीवन के प्रति

व्यावहारिक सोच भी पैदा होगी। अनुशासित, शिष्ट और सदाचारी बच्चे आज की सबसे बड़ी आवश्यकता हैं। राजनीति के क्षेत्रों में नैतिकता और चारित्रिक बिखराव जहां राष्ट्र के सामने एक गंभीर चुनौती बन गया है, उसके लिए आवश्यक है कि बच्चे की सोच व्यावहारिक हो, वह प्रतिभाशाली हो, ताकि इस दिशा में अपनी सोच को प्रदूषण से बचा सकें। बच्चों की यौन इच्छाओं को भड़का कर जिस अपसंस्कृति को बढ़ावा दिया जा रहा है, उससे मुक्ति दिलाने के लिए भी आवश्यक है कि हम उनके व्यक्तित्व विकास में स्वयं रुचि लें और उन्हें गुमराह होने से बचाएं, ताकि वे अंधेरे में न भटकें।

बच्चों के प्रतिभा विकास और संतुलित विकास के लिए इस पुस्तक में जो छोटी-छोटी बातें कही गई हैं, यदि वे अभिभावकों के काम आएं और उनसे बच्चों के व्यक्तित्व और प्रतिभा में निखार आए, तो मैं समझूंगा कि मेरा प्रयास सफल हुआ, मेरे विचार काम आए। इस विषय में अभिभावकों का धैर्य, संयम, साहस, विवेक और सूझबूझ ही उनका ज्ञान है। यह पुस्तक तो एकमात्र दिशा-निर्देश है, जो मनोवैज्ञानिक पृष्ठभूमि को ध्यान में रखकर दिया गया है।

पुस्तक को इस रूप में प्रस्तुत करने के लिए मैं अपनी पत्नी श्रीमती शीला सलूजा, जो एक ख्याति प्राप्त लेखिका हैं, के प्रति कृतज्ञ हूं, जिनके आधुनिक विचार इस पुस्तक में समाविष्ट हैं। बचपन से आज तक मेरे लेखन को प्रेरित करने वाले मेरे मित्र वीरेन्द्र कुमार जैन, जो दिल्ली में रहते हुए भी अपनी दिव्य दृष्टि से मुझे प्रेरित करते हैं, के प्रति भी मैं हृदय से आभारी हूं।

मैं अपनी पौत्री सलोनी का यहां उल्लेख इसलिए करना चाहता हूं कि वह मेरे सामने हमेशा बच्चे के रूप में बनी रही, उसने मुझे हमेशा बाल मनोविज्ञान की सच्चाइयों को देखने का अवसर दिया।

अन्त में मैं पुस्तक महल के प्रबंध निदेशक श्री राम अवतार गुप्त का आभारी हूं, जिनके अमूल्य सुझाव मुझे समय-समय पर मिलते रहे और मैं उनके प्रोत्साहन से इस पुस्तक को आपके समक्ष प्रस्तुत करने में समर्थ हो सका।

शिवपुरी (म.प्र.) —चुन्नीलाल सलूजा

अंदर के पृष्ठों में

1. परिवार में बच्चों की स्थिति 9
2. परिवार और वातावरण 19
3. प्रतिभा विकास : क्या, क्यों और कैसे? 24
4. प्रतिभा विकसित करने वाले तत्त्व 26
5. बच्चों का विकास कैसे हो? 35
6. व्यक्तिगत भिन्नताएं और व्यक्तित्व विकास 38
7. हीनता 41
8. प्रतिभा और संवेग 50
9. जवाब दें बच्चे की 'क्यों' का 58
10. व्यवहार संबंधी समस्याएं 61
11. योग और बच्चों में प्रतिभा विकास 64
12. आर्थिक संपन्नता और जेब खर्च 66
13. प्रतिभा कुंठित न हो 72
14. दायित्व बोध 78
15. अभिरुचियां 83
16. अभिभावकों की नज़र 87
17. बच्चों का स्कूल से भागना 92
18. जब बच्चे स्कूल से वापस आएं 97
19. रुचियां 101
20. प्रेरणा का प्रभाव 105
21. प्रतिभाशाली बच्चे और आप 110
22. प्रतिभा विकास के 21 टिप्स 117

1

परिवार में बच्चों की स्थिति

बच्चों में प्रतिभा परिवार की देन है। परिवार वह संस्था है जो बच्चों को जन्म देती है, उसका पालन-पोषण कर उसे मनोवैज्ञानिक संरक्षण प्रदान करती है, उसे समाज और राष्ट्र के योग्य बनाती है। परिवार से जन्म लिया हुआ बच्चा ही सामाजिक संबंधों, व्यवस्थाओं और मान्यताओं को प्रतिष्ठा देकर अपने आपको उसकी अपेक्षाओं के अनुरूप ढालता है। यही संस्कृति है, जीवनचर्या है और यही प्रतिभा का उचित कार्य भी है।

बच्चा परिवार की आकांक्षा और अपेक्षाओं का केंद्र होता है। परिवार की सुख-समृद्धि, सफलता का आधार होता है। वह चाहे भारत हो अथवा पश्चिम का कोई अन्य देश, हमारी संपूर्ण सामाजिक व्यवस्था का आधार बच्चा ही है और इसी बच्चे के लिए हम जीवन-भर संघर्ष करते हैं। संघर्ष के व्यवहार में अभिभावकों की दो ही इच्छाएं होती हैं, एक बच्चे की सुरक्षा व संरक्षण और दूसरी उसका मानसिक विकास। पालन-पोषण के लिए अभिभावक रात-दिन परिश्रम करते हैं, ताकि वे अपने इन बच्चों का भरण-पोषण सरलता से कर सकें। पशु-पक्षी, यहां तक कि हिंसक जानवर भी अपने इस कर्तव्य का यथाशक्ति पालन करते हैं। चिड़ियां भी चोंच में चुग्गा भर कर लाती हैं और अपने बच्चों को खिलाती हैं। चूंकि मनुष्य प्रकृति का विकसित प्राणी है, इसलिए वह अपने बच्चों को पोषण के साथ-साथ मानसिक रूप से भी विकसित करता है, साथ ही उसका यह भी प्रयास रहता है कि वह बच्चों के ज्ञान व प्रतिभा का भी विकास करे। यह प्रतिभा ही उसे समाज कल्याण के योग्य बनाती है। वह अपनी इसी प्रतिभा और योग्यता से समाज में अपना स्थान बनाता है। कल्पना करें कि यदि कोई बहुत योग्य सर्जन है, लेकिन वह किसी व्यक्ति का उपचार नहीं करता, तो उसकी योग्यता अथवा प्रतिभा किस काम की।

योग्यता अथवा प्रतिभा का लाभ समाज को मिले, इसीलिए योग्यता और प्रतिभा विकसित की जाती है। मनुष्य का प्रत्येक कार्य, उसके स्वभाव, आदत और मानसिक सोच से प्रभावित होता है। उसकी इस आदत व व्यवहार की छाया ही उसके परिवार और बच्चों पर पड़ती है। वह अपने तथा सामाजिक और पारिवारिक स्तर पर यह प्रयत्न करता है कि वह अपने बच्चों को अपने से अधिक योग्य, प्रतिष्ठित, प्रभावशाली, संपन्न व प्रतिभावान बनाए। यही चाहत उसे प्रेरित करती है कि वह अपने बच्चों की प्रतिभा के विकास के लिए अधिक से अधिक मेहनत करे, ताकि बच्चे भविष्य में समाज के प्रति समर्पित हों तथा सामाजिक मान्यताओं का पालन करें और बच्चों के व्यक्तित्व विकास में सहयोगी बनें।

हमारे देश में आज भी किसानों, मजदूरों की संख्या अधिक है, गरीबी और अभाव भी अधिक है, फिर भी जिस वर्ग में आर्थिक संपन्नता बढ़ी है, वे अभिभावक अपने बच्चों को अंग्रेजी स्कूलों में पढ़ाने में गर्व व गौरव अनुभव करते हैं। आजकल गरीबी, अभावों आदि के होते हुए भी मध्यवर्गीय और उच्च मध्यवर्गीय बच्चों और उनके अभिभावकों में जागरुकता आई है। आज देश के कोने-कोने में अच्छे उच्च विद्यालयों की संख्या बढ़ी है। महानगरों और छोटे शहरों के संपन्न परिवारों के बच्चे, एल.के.जी., यू.के.जी. और नर्सरी, प्री-नर्सरी वाले स्कूलों में प्रवेश पाने के लिए उत्सुक रहते हैं। सरकारी स्कूलों को लोग खैराती का स्कूल समझने लगे हैं। बड़े-बड़े स्कूल आज शिक्षा के क्षेत्र में उद्योग की भूमिका निभा रहे हैं। अच्छे और महंगे स्कूलों में प्रवेश दिलाना अभिभावक प्रतिष्ठा की बात मानने लगे हैं। ऐसे स्कूलों में प्रवेश के लिए जहां उन्हें एक बड़ी रकम देनी पड़ती है, वहीं इन स्कूलों के अन्य कई नखरे भी सहने पड़ते हैं।

इन सभी के पीछे अभिभावकों का एक ही उद्देश्य है और वह है, उनके बच्चों की प्रतिभा का विकास और समय के साथ दौड़ने की इच्छा, ताकि वे और उनके बच्चे इस दौड़ में कहीं पीछे न रहें। इन सारी बातों के बाद भी अधिकांश अभिभावक अपने ही बच्चों की उच्छृंखलता से परेशान व दुखी हैं। वास्तव में सिनेमाई संस्कृति और ग्लैमर ने बच्चों की मानसिक सोच को इतना अधिक प्रभावित किया है कि इस प्रदूषण से अभिभावक भी हताश और निराश होते जा रहे हैं। निराशाओं के घेरों में यद्यपि आशाओं का प्रकाश विद्यमान है, इसलिए इस विषय में अभिभावकों को रचनात्मक सोच से काम लेना चाहिए।

सामाजिक तौर पर विवाहित युगल से पैदा हुए बच्चे ही सामान्य होते हैं और मां-बाप की इच्छाओं और अपेक्षाओं के केन्द्र होते हैं। इसलिए इन बच्चों को पालने, पढ़ाने और उनकी प्रतिभा के विकास के लिए रुचि लेना मां-बाप का दायित्व होता है।

वे नैतिक और सामाजिक दृष्टि से भी अपने बच्चों के प्रति समर्पित होते हैं। यदि पति-पत्नी में इच्छा नहीं होती और बच्चे पैदा हो जाते हैं, तो ऐसे बच्चे अभिभावकों से वह स्नेह प्राप्त नहीं कर पाते, जिसकी वे अपेक्षा करते हैं। ऐसी अवांछित संतानें परिवार में पलती जरूर हैं, लेकिन उनमें प्रतिभा की हमेशा कमी बनी रहती है। झुग्गी-झोंपड़ी में रहने वाले परिवारों के बच्चे, गरीबी रेखा से नीचे जीवन-यापन कर रहे परिवारों के बच्चे, घुमक्कड़ जातियों के परिवारों के बच्चे, खदानों के मजदूरों के बच्चे, बांधों पर काम करने वाले परिवारों के बच्चे आदि ऐसे लाखों बच्चे हैं, जिनमें प्रतिभा होते हुए भी उनकी प्रतिभा कुंठित हो जाती है और वे अपने परिवारों के साथ जैसे आते हैं, वैसे ही चले जाते हैं। ऐसे बच्चे परिवारों पर बोझ तो बनते ही हैं, साथ ही समाज और देश का भी भला नहीं कर पाते। परिवार से उपेक्षित ऐसे बच्चे जहां मजदूरी कर के पेट पालते हैं, वहीं वे मजदूरी और काम के अभाव में छोटे-मोटे अपराध भी करने लगते हैं। ये छोटे-मोटे अपराधी ही पूर्ण परिपक्वता पा जाने के बाद अपराध के गलियारों में जिंदगी जीने लगते हैं। उनकी प्रतिभा को गलत दिशा मिलने लगती है और वे समाज पर बोझ व अभिशाप बन जाते हैं।

वास्तव में प्रतिभा का अपना मनोविज्ञान है। जिस प्रकार से चाकू का काम काटना है, चाहे तो इस चाकू से शरीर में घुसी हुई गोली को निकालकर एक व्यक्ति के प्राणों को बचाया जा सकता है और उसी चाकू से दूसरे व्यक्ति की गला काटकर हत्या भी की जा सकती है। यह चाकू के उपयोग पर निर्भर है। इसी प्रकार प्रतिभा तो प्रतिभा है, वह अभ्यास के द्वारा संगीत, शिल्प अथवा कला के रूप में मुखरित हो सकती है या फिर जेब काटने में सिद्धहस्त होकर उसमें प्रवीणता के रूप में प्रकट हो सकती है।

बच्चे की इच्छा करने वाले अभिभावक बच्चों की सुख-सुविधाओं और उनके उज्ज्वल भविष्य के लिए उनका वर्तमान सजाना-संवारना चाहते हैं। संतान के लिए वह हर संभव त्याग करने के लिए तत्पर रहते हैं। बच्चे के शुभ अथवा कल्याण के लिए उनके प्रयास इस बात के प्रमाण हैं कि उनकी सारी इच्छाएं, आकांक्षाएं और अपेक्षाएं उस पर ही केंद्रित हैं। वे जहां अपने बच्चे को अपने बुढ़ापे का सहारा समझते हैं, वहीं उसे लायक भी बनाना चाहते हैं। यदि पति-पत्नी के संबंध परस्पर मधुर होते हैं, तो बच्चे पर भी उसका अनुकूल प्रभाव पड़ता है। महिलाएं भी अकसर परिवार को सुखी तथा समृद्धशाली बनाने के लिए नौकरी करती हैं, घर को सजा-संवार कर रखती हैं। ऐसे जागरूक माता-पिता यथाशक्ति यह प्रयास करते हैं कि उनके बच्चों पर कोई गलत प्रभाव न पड़े। कुछ अभिभावक तो बच्चों के सामने धूम्रपान

करना भी पसंद नहीं करते, वे जानते हैं कि यदि धूम्रपान करेंगे, घर में मादक पदार्थों का उपयोग करेंगे, तो बच्चों पर उसका अच्छा प्रभाव नहीं पड़ेगा।

परिवार के वातावरण का बच्चों पर बहुत अधिक प्रभाव पड़ता है। यदि पति-पत्नी में मन-मुटाव रहता है, वे आपस में लड़ते-झगड़ते रहते हैं, एक ही छत के नीचे रहते हुए नदी के दो किनारों की भांति जीवन निर्वाह करते हैं, तो बच्चा भी तनाव ग्रस्त रहने लगता है। वह अपने मन की बात मां-बाप से नहीं कह पाता। इसका प्रभाव यह होता कि वह अंतर्मुखी हो जाता है। गुमसुम रहना उसकी आदत बन जाती है। यदि परिवार में लड़कियां-ही-लड़कियां हैं, तो भी उसकी सोच प्रभावित होती है, क्योंकि कई लड़कियों के बाद जब घर में लड़का आता है, तो अभिभावक उसके प्रति कुछ अधिक ही प्यार दर्शाते रहते हैं। उसे घर से बाहर जाने की भी स्वतंत्रता नहीं होती। इसी प्रकार यदि बच्चा परिवार की पहली संतान है, तो भी उसकी प्रतिभा के विकास पर प्रतिकूल प्रभाव पड़ता है। ऐसे बच्चे पर मां-बाप का अधिक स्नेह होता है, जो उसकी सोच को प्रभावित करता है। कामकाजी महिलाओं के बच्चों की प्रतिभा के विकास पर भी कुछ विपरीत प्रभाव दिखाई देते हैं। वास्तव में ऐसे मां-बाप को समय ही नहीं मिलता कि वे बच्चों के बारे में देख-समझ सकें। ऐसे बच्चों की मानसिक सोच भी कुंठित होने लगती है।

यदि परिवार संयुक्त है अथवा एकल है, तो भी बच्चों के व्यक्तित्व विकास और प्रतिभा विकास पर किसी का ध्यान नहीं होता। बड़े परिवार में जहां बच्चों की संख्या अधिक होती है अथवा जहां उनकी व्यक्तिगत योग्यता अथवा प्रतिभा को देखने वाला कोई नहीं होता, वहां उनकी प्रतिभा कुंठित हो जाती है। छोटे परिवार के बच्चों का विकास इसलिए जल्दी और संतुलित रूप से होता है कि कम से कम मां तो उसकी आवश्यकताओं को समझती है, जब कि घर से बाहर उसकी मनोवैज्ञानिक आवश्यकताओं को समझने वाले कम होते हैं। जिन स्कूलों में शिक्षक बच्चों पर व्यक्तिगत रूप से नजर रखते हैं अथवा जब शिक्षक किसी बच्चे की प्रतिभा से परिचित हो जाता है तो उसकी प्रतिभा में निखार आने लगता है। प्रतिभा को उभरने के लिए स्नेह, सहयोग, प्रेरणा की आवश्यकता होती है। इसके अभाव में बच्चा अपने आपको असुरक्षित और तनावग्रस्त अनुभव करता है और उसमें निराशाएं ही पैदा होती हैं।

प्रेरणा पाकर बच्चों में बोलने, अभिनय करने, खेलने, सामाजिक कार्यों और संकेतों का विकास सरलता से होता है। यदि ऐसे में बच्चों की इच्छाओं का दमन किया जाता है तो उनकी प्रतिभा कुंठित हो जाती है। जिस प्रकार से पानी पाकर पौधे लहलहा उठते हैं उसी प्रकार से स्नेह, प्रेरणा और प्रोत्साहन पाकर प्रतिभाएं निखरने

लगती हैं। प्रेरणा पाकर बच्चों में संघर्ष करने की शक्ति का विकास होता है, उनमें समायोजन करने और समन्वय करने की भावना आती है। प्रथम न आ पाने का दुख व्यक्ति तब सरलता से सहन कर जाता है जब उसे दूसरा स्थान प्राप्त हो जाता है। संतोष की संतुष्टि उसे निरंतर प्रथम के लिए प्रेरित करती रहती है। अंत में उसे प्रथम श्रेणी प्राप्त हो ही जाती है।

परिवार में बच्चों की स्थिति भी प्रतिभा विकास पर प्रभाव डालती है। वह छोटा है अथवा मंझला, छोटा होने पर उसे माता-पिता का प्यार तो मिलता ही है, बड़े भाई-बहनों का स्नेह और सहयोग भी मिलता है। छोटा बच्चा अकसर भाई-बहनों से प्रेरित होता है और अच्छी-बुरी आदतों का अनुकरण अपने बड़ों से करता है।

छोटा परिवार आधुनिक जीवन शैली का आदर्श बन गया है और अब छोटे परिवार को ही मान्यता मिलने लगी है। जिस घर में चार-पांच बच्चे होते हैं उस परिवार के बारे में लोगों की धारणा भी अच्छी नहीं होती। बड़े परिवार में आपस में कलह की संभावना अधिक रहती है। बंटवारे के कारण उनमें तनाव और खिंचाव भी हमेशा बना रहता है। आर्थिक साधन भी सीमित होने के कारण सब बच्चों को पढ़ने-बढ़ने के समान अवसर प्राप्त नहीं पाते। सबके लिए अच्छे स्कूलों की फीस का खर्च उठाना भी संभव नहीं हो पाता। परिवार के सदस्य आर्थिक अभावों के कारण तनावों से ग्रसित रहते हैं। इस कारण सब बच्चों की आवश्यकताएं पूरी नहीं हो पातीं। ऐसे परिवारों से आए बच्चे जहां हीन भावना से ग्रसित हो जाते हैं, वहीं उनका समुचित मानसिक विकास भी नहीं हो पाता। यदि किसी कारण से एक बच्चा आगे बढ़ भी जाता है तो दूसरा बच्चा पहले से ईर्ष्या करने लगता है। ईर्ष्या की ऐसी भावनाएं ही पारिवारिक एकता में व्यवधान उत्पन्न करती हैं और परिवार में बिखराव आने लगता है।

परिवार के बारे में कुछ मनोवैज्ञानिकों का कथन है कि परिवार में बच्चों की प्रतिभा निखरती है। **गोल्डस्टीन** नामक विद्वान का कथन है कि ''परिवार वह पालना है, जिसमें भविष्य के प्रजातंत्रात्मक सामाजिक व्यवस्था के बच्चे जन्म लेते हैं और प्रारंभिक शिक्षा पाते हैं।''

परिवार में ही बच्चा सामाजिक व्यवहारों को सीखता है। पारिवारिक संबोधन 'मम्मी', 'पापा', 'अंकल', 'आन्टी', 'दीदी' आदि से जुड़ाव स्थापित करता है। वह संपर्क में आने वाले लोगों से प्रभावित होता है। उनसे कुछ सीखता है। ये गुण ही उनके आगामी जीवन के संस्कार बनते हैं। प्रतिभा के रूप में निखरते हैं। केमिस्ट की सात वर्षीया बच्ची डॉक्टरों के लिखे हुए पर्चों को सरलता से इसलिए पढ़ लेती है, क्योंकि यह गुण उसे विरासत में घर से ही मिले हैं।

परिवार को प्रथम पाठशाला के रूप में मान्यता मिली हुई है। इसके पीछे भी यही मान्यता है कि परिवार से ही बच्चा सब कुछ सीखता है। उसके व्यक्तित्व विकास और प्रतिभा विकास उसके परिवार की देन है, वह इससे अछूता नहीं रह सकता।

बच्चों के संस्कारों को अभिभावकों के संस्कारों की देन कहा जाता है। यदि मां-बाप का व्यवहार बच्चों के साथ कर्कश होता है, तो बच्चों पर भी उसका वैसा ही प्रभाव पड़ता है। यह व्यवहार पीढ़ी दर पीढ़ी चलता है। वास्तव में इसके पीछे भी मनोवैज्ञानिक कारण यह है कि बच्चा यह समझता है कि यही उचित है। उसे उचित-अनुचित का ज्ञान ही नहीं कराया जाता।

जिन परिवारों में अभिभावक बच्चों को अपना मित्र मानने लगते हैं, उन परिवारों के बच्चों में प्रतिभा मुखरित होने लगती है। ऐसे अभिभावक अपना अधिकांश समय बच्चों में ही बिताते हैं। वे बच्चों के कार्यों में रुचि लेते हैं। उनके कार्यों, व्यवहारों और सफलताओं की प्रशंसा करते हैं। ये कार्य अथवा व्यवहार चाहे कितने ही छोटे अथवा सामान्य क्यों न हों अभिभावक इनकी प्रशंसा करते हैं। ऐसे अभिभावक अपने बच्चों के छोटे से छोटे कार्य की भी प्रशंसा करते हैं; अरे, वाह सलोनी तो बहुत सुंदर लिखती है, स्कूल में स्टार मिला कि नहीं!

प्रतिभा विकास के लिए जरूरी है कि अभिभावक अपने बच्चों में विश्वास व्यक्त करें। उनकी बातों को ध्यान से सुनें और उनकी समस्याओं को गंभीरता से सुनें। उनके द्वारा पूछे गए प्रश्नों के उत्तर बिल्कुल ठीक-ठाक दें।

''मेरा सिर न खाया कर, जा पिता जी से पूछ...'' जैसी उपेक्षा अथवा उदासीनता पाकर भविष्य में बच्चा आपसे कुछ पूछने का साहस न जुटा पाएगा और उसकी प्रतिभा कुंठित हो जाएगी।

बच्चा यदि चित्रकार बनना चाहता है, अथवा उसकी रुचि पत्रकारिता अथवा संगीत में है, तो उसकी इस प्रतिभा में विश्वास व्यक्त कर अपना स्नेह, लगाव और रुचि उसमें प्रदर्शित करें। उसकी आवश्यकताओं का भी ध्यान रखें।

''चित्रकारी के लिए आजकल कौन से कलर चल रहे हैं... तुम कल जरूर लेकर आना, ब्रश भी ले आना... एक तिपाई भी तो चाहिए.. और जो भी सामान तुम्हें चाहिए कल जरूर ले आना... ये रुपए रख लो...।'' इस प्रकार स्नेह, सहयोग और प्रेरणा बच्चों की प्रतिभा के निखरने में सहायक बनेगी।

मनोवैज्ञानिक भाषा में ऐसे बच्चों को स्वीकृत बच्चों की श्रेणी में रखा गया है। आशय यह है कि स्वीकृत बच्चों को जहां अभिभावकों का स्नेह, सहयोग और

मान-सम्मान मिलता है, वहीं अस्वीकृत बच्चों को उपेक्षा और डांट के अतिरिक्त कुछ नहीं मिलता। स्वीकृत बच्चों की प्रतिभा अवश्य ही निखरती है, इसलिए परिवार में स्वीकृत बच्चे ही आएं।

यदि परिवार में कोई अस्वीकृत बच्चा है, विकलांग है, मंद बुद्धि अथवा दूसरों की तुलना में कहीं कमजोर है, तो उस बच्चे की उपेक्षा न करें। वास्तव में ऐसे बच्चे आपकी सहानुभूति, स्नेह और सहायता के पात्र हैं। इसी प्रकार से कुछ परिवारों में आज भी लड़कों की अपेक्षा लड़कियों को हीन दृष्टि से देखा जाता है, जो उनके साथ अन्याय तो है ही साथ ही मनोविज्ञान की दृष्टि से भी अनुचित है।

स्वीकृत बच्चे भी अधिक लाड़-प्यार के कारण बिगड़ जाते हैं और शीघ्र ही वे परिवार पर बोझ साबित होने लगते हैं।

सामाजिक भावना प्रतिभा विकास में बड़ी सहयोगी होती है। देखा जाता है कि जो बच्चे स्कूल जाते हैं, उनमें यह भावना अधिक विकसित होती है, जो स्कूल नहीं जाते, उनमें सामाजिक भावना की कमी पाई जाती है। स्कूल जाने से बच्चों में निम्न गुणों का विकास होता है, जो समग्र रूप से उनकी प्रतिभा शक्ति को प्रभावित करते हैं :

- एकाग्र होकर सीखने की इच्छा।
- सहयोगी भावना।
- दूसरों से सहानुभूति।
- सही समय पर काम करने की आदत।
- बुद्धि का विकास।
- नैतिक आचरण एवं आदर्शों से प्रेरणा।
- शारीरिक विकास।
- भाषा का ज्ञान, बोलने की क्षमता का विकास।
- संवेगों का विकास।
- सामूहिक उत्तरदायित्व वहन करने की क्षमता।
- प्राकृतिक प्रेम।

इन सबके साथ-साथ बच्चे में सामाजिक भावना का विकास होता है। उसमें परस्पर शिष्टता और शालीनता का गुण विकसित होता है, जो उसकी प्रतिभा को नए-नए

रूपों में प्रकट होने के लिए उत्साहित करता है। उसमें कक्षा में बैठने की आदत विकसित होती है।

स्कूलों में ही बच्चे विभिन्न प्रकार के खेल खेलते हैं, उनमें खिलाड़ी भावना विकसित होती है। यह भावना ही उनमें उत्तरदायित्व भावना को लाती है। इस प्रकार से बच्चों की प्रतिभा को मुखरित करने के लिए सामाजिकता एक गुण के रूप में विकसित होती है।

बच्चों में प्रतिभा सुप्तावस्था में होती है। विभिन्न मनोवैज्ञानिकों का कथन है कि प्रतिभा का विकास धीरे-धीरे अवस्था के अनुसार होता है। छोटी उम्र के शिशुओं पर किए गए प्रयोगों के निष्कर्ष रूप में यह पाया गया है कि बच्चे के व्यक्तित्व में शुरू से ही अंतर होता है। एक बच्चा प्रारंभिक अवस्था में ही गुमसुम-सा रहता है तो दूसरा आंखें फाड़-फाड़ कर मुस्कराता रहता है। तीसरा रोता रहता है और चौथा सोता रहता है। जन्म के बाद से ही यह देखने को मिलता है कि बच्चों के स्वभाव, आदतों, व्यवहारों में अंतर होता है। ये स्वभाव, आदतें और व्यवहार समय के साथ बदलते जाते हैं। कुछ मनोवैज्ञानिकों का कथन है कि प्रारंभिक अवस्था की इन्हीं बातों से बच्चों का व्यक्तित्व, प्रतिभा और भविष्य प्रभावित होता है। जो भी हो बच्चों में आई परिपक्वता के आधार पर कुछ अलग-अलग विशेषताएं दिखाई देने लगती हैं।

विद्यालय जाने से पूर्व के बच्चों की सामान्य उम्र 3 से 6 वर्ष होती है। यद्यपि आजकल बच्चे जल्दी स्कूल जाने लगते हैं, लेकिन बच्चों की सामाजिक और व्यक्तिगत समझ के संदर्भ में देखा जाता है कि इस उम्र के बच्चे अपनी मां को ही अधिक स्नेह करते हैं। परिवार के अन्य सदस्यों से भी उनका लगाव होता है, लेकिन मां के सामने दूसरे सदस्यों का लगाव फीका पड़ जाता है। इस अवस्था के बच्चे शीघ्र ही पास-पड़ोस के हमउम्र बच्चों में घुल-मिल जाते हैं। जब मां के साथ बाहर जाते हैं तो भी वे नई परिस्थितियों से जल्दी समन्वय कर लेते हैं और नए-नए मित्र बना लेते हैं। इस अवस्था में लड़के-लड़की का अंतर भी कम ही देखा जाता है, लड़के-लड़कियां साथ-साथ खेलते-खाते हैं।

प्राथमिक कक्षाओं में पहुंचकर बच्चों में कई अंतर आने लगते हैं। इस अवस्था में बच्चा स्कूल जाने के प्रति बड़ा उत्साही होता है। यदि अभिभावक उसकी इस इच्छा को पूरा करते रहें, तो वह पढ़ाई में भी आगे बढ़ जाता है। उसमें स्वतंत्रता और आत्मविश्वास की भावना विकसित होने लगती है। इस अवस्था में बच्चों के संबंध उसके स्कूल के मित्रों से भी होने लगते हैं। वह अपनी समान आयु के बच्चों के

साथ रुचि लेने लगता है। लड़कियां लड़कियों के साथ रहना पसंद करती हैं। वास्तव में इस अवस्था के आते-आते बच्चों में लिंग भेद की समझ आने लगती है। यहां तक कि लड़के-लड़कियों के खेलों में भी अंतर आने लगता है। छोटे बच्चों पर बड़े भाइयों का स्नेह बढ़ने लगता है और वे मेले आदि से अपने छोटे भाइयों के लिए खिलौने आदि लाने लगते हैं। इस प्रकार के स्नेह के प्रदर्शन से बच्चों में आपस में जुड़ाव आता है, जो बाद में पारिवारिक संबंधों की दृढ़ता के रूप में प्रकट होता है।

इस अवस्था में बच्चे के मित्र घर भी आने लगते हैं। अभिभावकों का दायित्व हो जाता है कि वे बच्चों के इन मित्रों पर नजर रखें। इस अवस्था में ही बच्चे अपने किसी शिक्षक, मित्र अथवा निकट संबंधी को आदर्श रूप में स्वीकार लेते हैं और मन ही मन उससे बहुत स्नेह करने लगते हैं। वे यह भी नहीं जानते कि उनका इस प्रकार का एक पक्षीय स्नेह क्या अर्थ रखता है। लेकिन वास्तव में यह एक भावनात्मक पक्ष है। मित्रों के प्रति उसका यह बढ़ता लगाव उसमें कई प्रकार की भावनाएं लाता है। मित्रों से स्नेह, सहानुभूति, सहयोग आदि की भावना, सामाजिकता आदि इसी अवस्था में विकसित होती है। चूंकि मित्रता का सिद्धांत है कि वह केवल समान रुचि वाले बच्चों में ही बढ़ती है, इसलिए इस अवस्था में नए-नए मित्र बनते हैं, पुराने छूटते जाते हैं। वास्तव में छूटते इसलिए हैं कि उनकी रुचियों में अंतर आने लगता है और यह अंतर ही उन्हें एक-दूसरे से दूर करता जाता है। इस अवस्था में ही बच्चों में झगड़े भी होते हैं। झगड़ों का कारण व्यक्तित्व प्रदर्शन की भावना है। परस्पर विचारों के अंतर के कारण भी झगड़े हो जाते हैं। अभिभावकों को चाहिए कि वे बच्चों के इन झगड़ों को उतनी गंभीरता से न लें और बच्चों को स्वयं ही एक-दूसरे को समझने और समन्वय करने के अवसर दें।

किशोरावस्था ही प्रतिभा विकसित होने की अवस्था है, अतः इस अवस्था के बारे में अभिभावक सदैव नजर रखें। वास्तव में इस अवस्था में बच्चे-बच्चियों में शारीरिक और मानसिक परिवर्तन तीव्रता के साथ होते हैं। बच्चों की रुचि विपरीत लिंग के प्रति भी उत्पन्न होती है। उनमें नई-नई रुचियों का भी विकास होता है। आदर्शों में भी परिवर्तन होने लगते हैं। बच्चों में प्रदर्शन की भी भावना विकसित होती है। इस उम्र में वे सजना-संवरना अच्छे-अच्छे कपड़े पहनना भी पसंद करते हैं।

आयु वृद्धि के साथ-साथ उनमें जो समझ आती है और इस समझ के साथ-साथ ही उनमें जो विकृतियां आती हैं, उनमें अभिभावकों को गंभीर रहना चाहिए, क्योंकि उत्तर किशोरावस्था में लड़के-लड़कियां भावनाओं के आवेश में बह कर कुछ ऐसे आचरण कर बैठते हैं, जो उन्हें नहीं करने चाहिए। इस अवस्था में लड़के-लड़कियों

को गुमराही के अंधेरों से बचाने के लिए जरूरी है कि आप उन्हें अपना मित्र समझें। बेटी को सहेली मानें।

वर्तमान के अनुसार बच्चों में प्रतिभा विकसित होने के लिए उनके व्यक्तित्व को दो भागों में बांटा गया है :

1. अंतर्मुखी
2. बहिर्मुखी

अंतर्मुखी व्यक्तित्व के धनी बच्चे कम बोलने वाले, चिंतनशील, स्वभाव से संकोची, अध्ययनशील, विचारवान, सामाजिक, लोकप्रिय, एकांत में बैठकर चिंतन करने वाले, झूठ न बोलने वाले, सरल स्वभाव के, सादगी प्रिय, मौलिक विचारों वाले, दूरदर्शी, कवि और लेखक हृदय, दूसरों का ध्यान अपनी ओर आकर्षित करने वाले, गणित और विज्ञान विषय में रुचि रखने वाले होते हैं। अभिभावक यदि इनमें रुचि लें और उनकी प्रतिभाओं का समय-समय पर मूल्यांकन करें, तो उन्हें जीवन के हर क्षेत्र में सफल बना सकते हैं।

जहां तक बहिर्मुखी व्यक्तित्व के बच्चों का संबंध है, वे समायोजन करने वाले, सामाजिक तो होते हैं लेकिन वे आत्म प्रशंसा और खुशामद प्रिय होते हैं। ऐसे बच्चे जीवन का उद्देश्य खाओ-पीयो और मौज करो से अधिक कुछ नहीं मानते। अध्ययन के अलावा सामाजिक कार्य करने, बोलने में प्रखर तथा ईमानदारी के साथ-साथ दुनिया के वर्तमान स्थिति में ढलने में कुशल होते हैं। ऐसे बच्चे उचित-अनुचित का ज्ञान रखते हुए सभी कार्य करने में प्रवीण होते हैं।

कुछ बच्चों में दोनों ही प्रकार की प्रवृत्तियां पाई जाती हैं, जो प्रोत्साहन, अवसर, संयोग और संवेगों के कारण या तो मुखर रूप में उभरती हैं अथवा प्रोत्साहन के अभाव में प्रभावहीन हो जाती हैं।

अतः बच्चों की भावनाओं का मूल्यांकन अपने स्तर पर करें। उनकी सुख-सुविधाओं पर ध्यान दें। इस विषय में अभिभावकों की भूमिका उस कुम्हार के समान होनी चाहिए, जो कच्चे बर्तन बनाने में, उन्हें आकार देने में, दोष निकालने में ऊपर से तो पीटता है, चोट देता है, लेकिन अपना दूसरा हाथ सहारे के रूप में नीचे लगाए रहता है ताकि असंतुलित रूप से पड़ी हुई चोट को वह स्वयं अपने हाथों पर सह ले।

2

परिवार और वातावरण

पारिवारिक और सामाजिक वातावरण का आशय उन आंतरिक और बाहरी शक्तियों, प्रभावों, परिस्थितियों और व्यवहारों से है, जो बच्चे के रहन-सहन, वेश-भूषा, खान-पान, रीति-रिवाजों, बोल-चाल पर प्रभाव डालते हैं। ये प्रभाव ही बच्चों के विकास और उनके व्यक्तित्व को प्रभावित करते हैं। उन्हें पारिवारिक अपेक्षाओं के अनुकूल बनाते हैं।

माली धरती को उपजाऊ बनाकर उसमें उत्तम बीजों का बीजारोपण करता है ताकि उसमें उत्तम किस्म के स्वस्थ पौधे पैदा हों, फूल और फल पैदा हों। परिवार में बच्चों की धारणा भी इसी सिद्धांत पर आधारित है। कुछ मनोवैज्ञानिक तो वंशानुक्रम के सिद्धांत को मान्यता देते हैं, लेकिन आधुनिक विद्वानों, समाज-शास्त्रियों का मत है कि बच्चा चाहे कोई भी क्यों न हो वातावरण उसे अच्छा अथवा बुरा बना देता है। नवजात शिशु के व्यक्तित्व को इच्छानुसार मोड़ दिया जा सकता है। संसार में पैदा होने वाला प्रत्येक बच्चा एक समान होता है, वह अच्छा अथवा बुरा, हिन्दू अथवा मुसलमान बाद में बनता है। एक विद्वान का तो मत है कि एक चोर के घर में पलता शरीफ बच्चा भी चोर बन जाएगा। यही कारण है कि वंशानुक्रम के सिद्धांत को आधुनिक विचारक कम महत्त्व देते हैं। फिर भी उसका अपना महत्त्व तो है ही। वंशानुक्रम के बारे में इतनी मान्यता तो अवश्य है कि बच्चों का शारीरिक गठन, रंग-रूप, आकार आदि वंश से प्रभावित होता है, लेकिन उसकी मानसिकता, योग्यता, स्वभाव आदि वातावरण से प्रभावित होते हैं।

वातावरण का अर्थ सामान्य रूप से यह लिया जाता है कि वंशानुक्रम से प्राप्त शारीरिक एवं मानसिक विशेषताओं को बाहरी सामाजिक वातावरण विकसित करता है। इस प्रकार से वातावरण उस संपूर्ण सामाजिक क्षेत्र से संबंधित है जहां बच्चा पलता

बढ़ता है, बड़ा होता है, शिक्षा प्राप्त करता है। वातावरण को हम इस प्रकार से परिभाषित कर सकते हैं :

"वातावरण वह समस्त आंतरिक तथा बाहरी शक्तियों, प्रभावों एवं परिस्थितियों का सामूहिक रूप है, जो जीवनधारी के जीवन, स्वभाव, व्यवहार, अभिवृद्धि, विकास तथा परिपक्वता पर प्रभाव डालता है।"

बच्चों की प्रतिभा व्यक्तित्व पर सामाजिक वातावरण सबसे अधिक प्रभाव डालता है। बच्चे किस समाज के हैं? उनके माता-पिता पढ़े-लिखे हैं कि नहीं? उनकी आर्थिक स्थिति क्या है? बच्चों को खान-पान की कितनी सुविधाएं हैं, उन्हें समय पर पौष्टिक आहार मिलता है कि नहीं? निर्धन परिवारों से आने वाले पिछड़े वर्गों के बच्चे अन्य वर्गों की तुलना में पिछड़े रहते हैं।

महानगरों में बच्चों को प्रवेश देते समय अभिभावकों का भी साक्षात्कार होता है। इस साक्षात्कार के पीछे भी यही मान्यता है कि बच्चों से संबंधित संस्थाएं यह जानना चाहती हैं कि बच्चा किस पारिवारिक वातावरण से संबंधित है। पारिवारिक वातावरण अच्छा, स्वस्थ, सुंदर, शांत हो, तो बच्चे की प्रतिभा विकसित होगी, इसके विपरीत उसकी प्रतिभा पर प्रतिकूल प्रभाव पड़ेगा।

पारिवारिक वातावरण के संबंध में ही **जान औनासिस** ने कहा था– उसकी सफलता का एक रहस्य यह भी है कि वह जीवन-भर अपनी हैसियत से अच्छे मकान में रहा है। मेरा विश्वास है कि अच्छा घर, अच्छा परिवार व्यक्ति को महत्त्वाकांक्षी बनाता है और इसकी शुरुआत बचपन से ही हो जाती है। बच्चा यदि खुले, बड़े, हवादार साफ-सुथरे बगीचे वाले मकान में रहता है, तो उसकी सोच भी उसी के अनुरूप विकसित होती है। जिन परिवारों में शांति का वातावरण नहीं होता अथवा जहां पति-पत्नी में तनाव-टकराव की स्थिति बनी रहती है, वहां बच्चे का विकास भी अवरुद्ध होता है। वह साथी बच्चों के बीच चुपचाप बैठा रहता है। ऐसे बच्चे पारिवारिक अपेक्षाओं को भी पूरा नहीं कर पाते। शांत वातावरण वाले परिवार में बच्चे शिष्ट, शालीन, सभ्य और सुसंस्कृत बनते हैं। उनका सामान्य ज्ञान भी अच्छा होता है।

परिवार और समाज के वातावरण के बाद बच्चों को सब से अधिक स्कूल का वातावरण प्रभावित करता है। स्कूल का वातावरण ऐसा होना चाहिए, जो बच्चों को अपनी ओर आकृष्ट करे।

एक अच्छा स्कूल बड़ी-बड़ी खिड़कियों, दरवाजे वाले, बड़े-बड़े हवादार कमरे, छोटा-सा सुंदर बगीचा, खुला लान, खेल का मैदान, पानी, टायलेट की सुविधा पाकर बच्चा स्कूल की ओर आकृष्ट होता है। वह स्कूल जाने के लिए सुबह से ही तैयार होता है। उसके मन में सीखने की इच्छा बलवती होने लगती है। वह बड़े उत्साह के साथ स्कूल जाता है और वहां जाकर उसे जो मानसिक संतुष्टि मिलती है, वह उसके प्रतिभा विकास में सहयोग देती है। प्रयोगशाला में जाकर वह नई-नई विधियां सीखता है। पुस्तकालय में जाकर नई-नई पत्रिकाएं और समाचार-पत्र देखता है। वास्तव में यहां उसकी मानसिक भूख को संतुष्टि मिलती है। खेल का मैदान उसे खेलने के लिए उत्साहित करता है।

वातावरण के साथ-साथ बच्चे की प्रतिभा की नई गति, दिशा और सोच देने वाले कुछ अन्य घटक भी हैं, इनमें कुछ निम्न हैं :

बुद्धि

बच्चे के विकास में बुद्धि सबसे अधिक प्रभाव डालती है। ऐसा देखा जाता है कि कुशाग्र बुद्धि के बच्चों का विकास तीव्र गति से होता है तथा मंद बुद्धि के बच्चों का विकास धीमी गति से होता है। तीव्र बुद्धि वाले बच्चे बोलना, चलना, बात को समझना, तर्क करना शीघ्र ही सीख जाते हैं। उसमें अपने-पराए का अंतर भी दिखाई देने लगता है। किशोरावस्था के बच्चों की बुद्धि में तीक्ष्णता लाने के लिए अभ्यास की आवश्यकता होती है। इस विषय में कहा जाता है कि 'थ्री आर' का ध्यान रखें। **रिमेंबरिंग** यानी याद करना, **रिपीटिंग** यानी दोहराना और **राइटिंग** यानी लिखना, से बुद्धि में विकास होता है।

जातीय संस्कृति

जातीय संस्कृति एक प्रकार से सामाजिक वातावरण का ही एक रूप है। जिस प्रकार से एक वर्ग विशेष का बच्चा, उस वर्ग विशेष के रीति-रिवाज, भाषा आदि सरलता से सीख जाता है, उसी प्रकार से वह अपनी संस्कृति की अन्य बातें भी सरलता से सीख जाता है, बल्कि ये बातें उसमें अपने आप आ जाती हैं। मध्य प्रदेश के आदिवासी बाहुल्य क्षेत्र बस्तर, झाबुआ आदि के आदिवासी बच्चे अपनी संस्कृति के वाद्य यंत्र, नृत्य आदि बड़ी जल्दी सीख जाते हैं। यहां तक कि उन्हें इसमें प्रवीणता प्राप्त करने के लिए किसी प्रकार के प्रशिक्षण की आवश्यकता नहीं पड़ती। कर्मकाण्ड करने वाले पंडा-पुजारियों के बच्चों को अपने इन धर्म ग्रंथों की बातें अपने आप कंठस्थ हो जाती हैं।

वर्ण (रंग)

अकसर यह कहा जाता है कि गौर वर्ण के बच्चों का बौद्धिक विकास अपेक्षाकृत अन्य वर्णों के बच्चों से अधिक होता है। वास्तव में इस प्रकार की बातें केवल अनुभवों के आधार पर कही जाती हैं, इनका कोई ठोस प्रामाणिक आधार नहीं है और न ही इस विषय में कोई बड़े प्रयोग किए गए हैं। न ही लोग इसे बहुत अधिक मान्यता ही देते हैं। यदि कक्षा में अध्यापक रंग के आधार पर बच्चों में अंतर करते हैं तो श्याम रंग के बच्चों में हीनता अवश्य आ जाएगी।

लिंग भेद

हमारे देश में लिंग भेद के कारण कई भ्रामक धारणाएं प्रचलित हैं। आज भी कई परिवार, समाज यह मानते हैं कि लड़कों की अपेक्षा लड़कियों में प्रतिभा कम होती है। जबकि पिछले दिनों के कई उदाहरण इसका अपवाद हैं। पिछले चार-पांच साल के केंद्रीय सेकंडरी बोर्ड परीक्षाओं के परीक्षाफल पर नजर डालें तो यह मान्यता भ्रामक सिद्ध हो जाएगी। पिछले कई वर्षों से लड़कियां पढ़ाई के मामले में लड़कों से आगे हैं।

जहां तक शारीरिक रचना का संबंध है लड़के खेल-कूद आदि में स्वतंत्रता पूर्वक भाग लेते हैं, इसलिए उनका शारीरिक और मानसिक विकास लड़कियों की अपेक्षा अधिक तीव्र गति से होता है। परिवार में भी लड़कों को ही अभिभावकों का स्नेह अधिक मिलता है। हां, लड़कियों में लड़कों की अपेक्षा यौन परिवर्तन कुछ समय पहले (लगभग एक वर्ष पूर्व) दिखाई देने लगते हैं। किशोरावस्था आते ही लड़कियां लड़कों से लंबी हो जाती हैं, लेकिन उनका मानसिक विकास इस अवस्था में आकर रुक जाता है और वे घर की चहारदीवारी तक ही सीमित रह जाती हैं। जिन परिवारों में लड़कियों को पढ़ने-लिखने, घूमने-फिरने की अधिक स्वतंत्रता मिलती है, वहां लड़कियां सफलताओं की नई ऊंचाइयों को छूती हैं।

आज से लगभग पच्चीस-तीस वर्ष पूर्व हमारे देश में भी लड़कियों की स्थिति बहुत अच्छी नहीं थी, लेकिन संविधान में दिए गए स्वतंत्रता और समानता के अधिकार के परिप्रेक्ष्य में लड़कियों की भलाई पर जो ध्यान दिया गया है, उसके अच्छे परिणाम सामने आए हैं और आज लड़कियों को जीवन के हर क्षेत्र में मान्यता और प्रतिष्ठा मिलने लगी है। अब जब राजनीति में भी महिलाओं के आरक्षण को मान्यता दी गई है तब से उनकी स्थिति में और भी परिवर्तन आया है।

पौष्टिक आहार बच्चों के व्यक्तित्व और प्रतिभा विकास के लिए आवश्यक अंग है। भोजन में यदि बच्चों को विटामिन युक्त भोजन मिलता है, तो उनमें प्रतिभा मुखरित होने लगती है। बच्चों को पढ़ने के बाद कुछ न कुछ स्वल्पाहार अवश्य मिलना चाहिए। दूध, फल, अंडे, अंकुरित दालें आदि ऐसे आहार हैं, जो बच्चों के संतुलित विकास में सहायक हैं।

खुला वातावरण

जैसा कि बताया गया है कि खुले स्थान पर बने हुए विद्यालयों में पढ़ने वाले बच्चों का शारीरिक और मानसिक विकास तीव्र गति से होता है। खुले स्थान में सामूहिक प्रार्थना, व्यायाम और सामूहिक खेलों के आयोजनों का बच्चों के व्यक्तित्व विकास पर अच्छा असर पड़ता है। गांव के बच्चे शहरों के बच्चों की अपेक्षा इसीलिए स्वस्थ्य होते हैं, क्योंकि उन्हें स्वच्छ हवा, पानी, सूर्य की रोशनी मिलती है। शहरों का दूषित पर्यावरण बच्चों की प्रतिभा पर प्रतिकूल प्रभाव डालता है।

विकलांगता

यदि बच्चा विकलांग है, मंदबुद्धि है अथवा शारीरिक रूप से कोई कमी है तो उसका मानसिक विकास भी प्रभावित होता है। पोलियो से ग्रसित बच्चे में हीनता घर करने लगती है। वह अपनी सूखी टांग को देखकर कभी-कभी सोचने लगता है कि काश! उसकी टांगें भी अन्य बच्चों के जैसी सामान्य मजबूत होतीं तो वह भी अन्य बच्चों के साथ ऐसे ही भागता। ऐसे बच्चों की प्रतिभा कुंठित हो जाती है और वे योग्य होते हुए भी पिछड़े रह जाते हैं।

परिवार में बच्चे की स्थिति का भी उसकी प्रतिभा पर प्रभाव पड़ता है। इकलौता बच्चा सबके स्नेह का केंद्र होता है और उसकी सब इच्छाएं पूरी होती हैं। इसी प्रकार से छोटा अथवा बड़ा होना भी उसके व्यवहार को प्रभावित करता है। यदि परिवार में लड़कियां ही लड़कियां हैं और बालक केवल एक है, तो भी उसके विकास पर असर पड़ेगा।

प्रतिभा कोई भौतिक वस्तु नहीं है। वास्तव में वातावरण और अन्य ऐसी परिस्थितियां हैं जिनकी उपेक्षा नहीं की जा सकती। वातावरण को सुखद, मधुर, सुरक्षित और निरापद बनाने के लिए अपनी सोच को व्यावहारिक बनाएं। बच्चों में प्रतिभा के फूल स्वयं खिलने लगेंगे।

3

प्रतिभा विकास : क्या, क्यों और कैसे?

> कहा जाता है कि आनुवंशिकता बीज है तो उसका वातावरण भूमि, जल, हवा, प्रकाश और खाद है। किसी वृक्ष की उत्पत्ति बिना बीज के नहीं हो सकती और न ही अच्छी मिट्टी, हवा, खाद और जल के बिना उसका स्वस्थ विकास ही संभव है। ठीक इसी प्रकार बिना आनुवंशिकता के जीवन की उत्पत्ति की कल्पना नहीं की जा सकती और बिना उपयुक्त वातावरण मिले उसके आनुवंशिक गुणों का समुचित विकास नहीं हो सकता। आनुवंशिक क्षमताओं के विकास के लिए यह नितांत आवश्यक है कि व्यक्ति को सुंदर से सुंदर परिवेश प्राप्त हो।

(आनुवंशिकता एवं वातावरण के प्रभाव के संदर्भ में)

प्रतिभा के संबंध में जनसाधारण के मन में अनेक अवधारणाएं बनती हैं। अनेक लोग मानते हैं कि प्रतिभा जन्मजात होती है। सबसे पहले इस प्रश्न पर विचार करना आवश्यक है कि प्रतिभा है क्या? दरअसल प्रतिभा किसी कार्य विशेष को करने के संबंध में दक्षता है। मनोवैज्ञानिक अध्ययनों से यह बात सिद्ध हो चुकी है कि प्रतिभा अर्जित की जाती है, न कि जन्मजात होती है। यदि किसी गायक का पुत्र गायन के क्षेत्र में बाल्यावस्था से ही प्रतिभाशाली प्रतीत होता है तो इसका कारण गायक का पुत्र होना नहीं, बल्कि घर में गायन के माहौल का होना है। साथ ही यदि किसी कार्य विशेष में दक्षता को यदि प्रतिभा माना ही न जाए तो वह प्रतिभा कैसे बन सकेगी! उदाहरण के लिए खेल में रुचि एवं दक्षता दिखाने पर भी प्रोत्साहन एवं मौका न दिया जाना। **हरमन** ने शैक्षिक समस्याओं के संबंध में वंशानुक्रम और वातावरण के मतभेदों का स्पष्टीकरण बुद्धि परीक्षणों के आधार

पर किया है। उन्होंने यह निष्कर्ष निकाला है कि "जो बच्चा अन्य बच्चों से बुद्धि में श्रेष्ठ होता है वह अन्य शीलगुणों में भी समस्त बच्चों से श्रेष्ठ होगा।"

वातावरण के समर्थकों में प्रसिद्ध व्यवहारवादी **वाटसन** का नाम उल्लेखनीय है। उसने तो वातावरण की प्रतिभा बड़े ही जोरदार शब्दों में स्वीकार की है। अपनी कृति **"Behaviourism"** में उसने लिखा है "तुम मेरे पास एक दर्जन बच्चों को लाओ, उनके उचित विकास के लिए मेरा मनचाहा वातावरण उपस्थित करो। मैं दावे के साथ कहता हूं कि उनमें से किसी एक बच्चे को चुनकर उसे डॉक्टर, वकील, कलाकार, सौदागर, नेता ही नहीं भिखारी या चोर भी बना सकता हूं, चाहे उसके भीतर किसी भी प्रकार की योग्यता क्यों न हो।"

कहा जाता है कि आनुवंशिकता बीज है तो उसका वातावरण भूमि, जल, हवा, प्रकाश और खाद है। किसी वृक्ष की उत्पत्ति बिना बीज के नहीं हो सकती और न तो अच्छी मिट्टी, हवा, खाद और जल के बिना उसका स्वस्थ विकास ही संभव है। ठीक इसी प्रकार बिना आनुवंशिकता के जीवन की उत्पत्ति की कल्पना नहीं की जा सकती और बिना उपयुक्त वातावरण मिले उसके आनुवंशिक गुणों का समुचित विकास नहीं हो सकता। आनुवंशिक क्षमताओं के विकास के लिए यह नितांत आवश्यक है कि व्यक्ति को सुंदर से सुंदर परिवेश प्राप्त हो। उचित परिवेशगत सुविधाओं के अभाव में सुंदरतम् आनुवंशिक गुण भी कुंठित हो जाते हैं। सत्य तो यह है कि आनुवंशिकता हमें क्षमताएं देती हैं और वातावरण उन क्षमताओं को विकसित होने के लिए अवसर प्रदान करता है।

अतः यह स्पष्ट है कि व्यक्ति आनुवंशिकता और वातावरण दोनों का प्रतिफल होता है। वास्तव में आनुवंशिकता और पर्यावरण दोनों ही महत्त्वपूर्ण हैं; एक प्रसिद्ध मनोवैज्ञानिक ने लिखा है कि "जीवन की हर घटना दोनों का फल होती है। परिणाम के लिए उनमें से एक भी उतनी ही आवश्यक है, जितनी कि दूसरी। कोई भी न तो हटाई जा सकती है और न अलग की जा सकती है।"

हरलॉक ने एक अध्ययन द्वारा यह पाया कि अनेक युवा जोकि अपने प्रारंभिक शैक्षिक रिकॉर्ड में कमजोर थे, उच्च शिक्षा के स्तर पर विशेष प्रतिभा का प्रदर्शन करने लगते हैं। जिसका कारण प्रेरणा का स्तर बढ़ जाना पाया गया। पूर्ण रूप से सफल व्यक्तियों की सफलता में बाल्यावस्था से प्रकट होने वाली प्रतिभा का कितना हाथ है, यह पता लगा पाना मनोवैज्ञानिकों के लिए कठिन कार्य साबित होता है।

4

प्रतिभा विकसित करने वाले तत्त्व

> *बच्चों में प्रतिभा बीज रूप में विद्यमान होती है, जो मनोवैज्ञानिक व्यवहारों से अंकुरित होती है। बच्चों में छिपी प्रतिभा विकसित हो, फले-फूले, इसके लिए आवश्यक है कि अभिभावक इस सत्य को जानें कि प्रतिभा कोई भौतिक गुण नहीं, यह तो निरंतर अभ्यास और साधना है, जो केवल एक प्रतिशत बच्चों में होती है। यदि अभिभावक चाहें तो इस प्रतिशत को बढ़ा सकते हैं।*

परिवार, कक्षा और समाज में सब बच्चे एक से प्रतिभाशाली नहीं होते। प्रकृति ने भी सबको समान शक्ल-सूरत, समान प्रतिभा, समान आवाज, रंग-रूप नहीं दिया है। इस विविधता को समझने के लिए उन तत्त्वों का अध्ययन, मूल्यांकन और परीक्षण करना चाहिए जो बच्चों की प्रतिभा को प्रभावित करते हैं।

प्रतिभा कोई भौतिक वस्तु नहीं है। प्रतिभा और व्यक्तित्व का संबंध भी किसी एक गुण अथवा विशिष्टता से नहीं होता। वास्तव में यह तो गुणों का समूह है, विशेषताएं हैं। कोई बच्चा कामचोर होता है तो कोई परिश्रमी, कोई बच्चा समय पर आता है, तो कोई समय की बिल्कुल परवाह नहीं करता। कोई आज्ञाकारी है तो कोई अशिष्ट, कोई उद्दंड है तो कोई अनुशासित। वास्तव में अनुशासित बच्चा तो सब की नजरों में अनुशासित ही होगा।

प्रतिभा अथवा व्यक्तित्व की ये विशेषताएं कुछ तो वंशानुक्रम से प्राप्त होती हैं, जैसे किसी बच्चे की आंखें, बाल-भौंहें, रंग-रूप उसके मां-बाप के रंग-रूप से मिलते हैं। किसी-किसी बच्चे की रुचि, अभिरुचि, अपने मां-बाप से मिलती-जुलती है। जैसे-जैसे आयु बढ़ती है, आयु के साथ-साथ बच्चों के अन्य गुण अथवा विशेषताएं भी दिखाई देने लगती हैं। व्यक्तित्व विकास एक निश्चित क्रम में होता है, अतः विकास की भिन्न-भिन्न अवस्थाओं में बच्चों की विभिन्न आदतों, व्यवहारों पर नजर

रखनी चाहिए। नर्सरी कक्षाओं के बच्चों की सोच, व्यवहार, आदतें, इच्छाएं, रुचियां, अभिरुचियां अलग होती हैं। वह अपने परिवार के सदस्यों को ही अपना समझता है। इसलिए ऐसे बच्चे बहुत अधिक समय तक स्कूल में नहीं ठहर पाते। इसके विपरीत किशोरावस्था को प्राप्त बच्चे घर में नहीं ठहर पाते। उनका अधिकांश समय घर के बाहर ही व्यतीत होता है। किशोरावस्था के लड़के-लड़कियां अपने हमउम्र बच्चों के साथ रहना चाहते हैं। इस उम्र में उनके अनेक मित्र बन जाते हैं। वास्तव में मित्र मंडली उनकी मनोवैज्ञानिक आवश्यकता है। उनकी इस आवश्यकता का विस्तृत वर्णन मित्र मंडली में किया गया है।

किशोरावस्था में शारीरिक और मानसिक परिवर्तन तीव्र गति से होते हैं। इस प्रकार के परिवर्तन कभी-कभी तो बच्चों को बड़े आश्चर्य में डाल देते हैं। लड़कियां स्वभाव से शर्मीली हो जाती हैं। बच्चों की आवाज भारी हो जाती है। उनकी दाढ़ी-मूछें निकलने लगती हैं। इन सब परिवर्तनों के कारण उनकी प्रतिभा, सोच, व्यवहार और व्यक्तित्व में अंतर आने लगता है। विपरीत सेक्स के प्रति आकर्षण बढ़ने लगता है। इस आकर्षण को यदि उचित दिशा और समाधान न मिले तो उनके व्यक्तित्व में अनेक विकृतियां पैदा होने लगती हैं। विपरीत सेक्स के इस आकर्षण को ही लड़के-लड़कियां प्यार समझने लगते हैं। प्यार की एक तरफा कल्पनाएं होने लगती हैं। इन कल्पनाओं में ही लड़के-लड़कियां अपनी-अपनी सोच के मुताबिक रंग भरने लगते हैं। भावनाओं के आवेश में आकर कभी-कभी तो ये लड़के-लड़कियां गुमराही की अंधेरी गलियों में ऐसे भटकने लगते हैं कि उन्हें कुछ समझ में ही नहीं आता कि वे क्या करें। उनकी इस सोच के कारण ही उन्हें कई बार बदनामी, जिल्लत, रुसवाई की जिंदगी जीने के लिए विवश होना पड़ता है।

किशोरावस्था में भटकाव की अनेक कहानियां प्रतिदिन अखबारों में प्रकाशित होती रहती हैं। लगभग सभी पत्र-पत्रिकाओं के संपादकों को अपने युवा पाठकों के ऐसे अनेक पत्र प्राप्त होते हैं, जिनमें युवक-युवतियां अपनी इस प्रकार की समस्याओं के समाधान चाहते हैं। यदि ऐसे किशोरों की इच्छाओं, चाहतों का समय पर उचित समाधान अथवा सही मार्ग निर्देशन हो जाता है तो उनकी प्रतिभा मुखरित होने लगती है, यदि ऐसे लड़के-लड़कियों को अभिभावकों का, शिक्षकों का, शुभचिंतकों का कोई समाधान नहीं मिलता, स्नेह और विश्वास प्राप्त नहीं होता, तो वे अपनी जिंदगी खराब कर लेते हैं और जीवन-भर पश्चाताप की जिंदगी जीते हैं।

किशोरावस्था के बच्चों की प्रतिभा को सृजनात्मक और सकारात्मक दिशा देने के लिए कुछ व्यावहारिक सोच भी अपनानी चाहिए।

पर्यटन

ज्ञान प्राप्ति का सर्वोत्तम साधन पर्यटन है। प्रत्यक्ष में प्राप्त किया गया व्यावहारिक ज्ञान स्थायी होता है। अभिभावकों को बच्चों में रुचि लेकर उनके साथ कुछ समय अवश्य व्यतीत करना चाहिए। आजकल दिशा भ्रमित युवकों से जब भी पूछा जाता है तो वे अपनी कुंठित भावनाओं को व्यक्त करते हुए अभिभावकों को आरोपित करते हुए कहते हैं– हमारे माता-पिता को इतना समय ही नहीं मिलता कि वे हमारी मनोवैज्ञानिक आवश्यकता को देख-समझ सकें, उन्हें पूरी करने का तो प्रश्न ही पैदा नहीं होता।

अभिभावकों को कुछ समय निकालकर बच्चों के साथ अवश्य रहना चाहिए, वह चाहे छुट्टी का दिन ही क्यों न हो। हमारे देश में अभी भी छुट्टी वाले दिन को छुट्टी का दिन समझकर नहीं बिताया जाता।

आजकल होटलों का क्रेज बढ़ता जा रहा है। महानगरों में भी बड़े-बड़े पार्क बनाए गए हैं। शहरों के आस-पास भी ऐसे 'इन', 'कोटेज' अथवा 'पिकनिकस्पाट' विकसित हो गए हैं। अभिभावकों को चाहिए कि वे सप्ताह में, महीने में एक दिन ऐसे स्थानों पर बच्चों सहित अवश्य जाएं और अपना समय ऐसे स्थानों पर बिताएं। इससे जहां उनमें मानसिक तनाव की कमी आएगी, वहीं वे बच्चों की शारीरिक, मनोवैज्ञानिक समस्याओं को सुन सकेंगे, उनका समाधान कर सकेंगे। बच्चे भी मां-पापा का भावनात्मक संरक्षण पाकर अपने मन की बात उनसे कह सकेंगे। इस प्रकार से पारिवारिक जुड़ाव बढ़ेगा। इस पूरे समय का उपयोग बच्चों की प्रतिभा विकास और उसके मूल्यांकन में करें।

भौतिक संसाधनों की सदुपयोगिता

कुछ अभिभावक भौतिक संसाधनों को बड़ी संख्या में खरीदना अपना बड़प्पन समझते हैं, वहीं कुछ अभिभावक इन संसाधनों की खरीदारी से परेशान रहते हैं। सामान्यतः उनकी यह धारणा भी कुंठित हो चुकी है कि बच्चे यदि टी.वी. देखेंगे, कंप्यूटर द्वारा इंटरनेट से जुड़े रहेंगे या गेम्स खेलेंगे तो वे बिगड़ जाएंगे। पढ़ाई पर पूरा ध्यान नहीं दे पाएंगे। प्रायः देखा गया है कि अधिकांश बच्चे अधिक समय तक टी.वी. से चिपके रहते हैं या गेम्स खेलते रहते हैं अथवा अनावश्यक कंप्यूटर पर नेट सर्फिंग करते पाए जाते हैं। सचमुच ही ऐसे बच्चे अपना अनमोल समय गंवा रहे होते हैं। अभिभावक को चाहिए कि ऐसे बच्चों पर पूरा ध्यान दें और पूर्वधारणा हटाकर बच्चों को ज्ञानवर्धक चैनलों से उपयोगी कार्यक्रमों को थोड़ी-बहुत देर तक देख लेने दें, एकाग्रता की दृष्टि से गेम्स उपयोगी हैं पर उन्हें कुछ समय ही खेलने

दें तथा थोड़ी-बहुत देश-दुनिया की जानकारी के लिए नेट सर्फिंग कर लेने दें। बच्चे भी इन सब कार्यक्रमों में अधिक देर तक समय व्यतीत न करें। उपरोक्त ज्ञानवर्धक स्रोतों के प्रति अभिभावक अपने बच्चों को प्रेरित करें जो कि प्रतिभा विकास में अत्यंत उपयोगी हैं।

लगभग किशोरावस्था तक बच्चे कुछ समय सायंकाल में घर से निकलकर खेल मैदान या पार्कों में शारीरिक विकास हेतु कुछ चुनिंदा खेलों को खेल सकते हैं। जो बच्चे घर में टी.वी. से चिपके रहते हैं, खेल नहीं खेलते, दौड़ते-भागते नहीं, उनका पूर्णरूप से शारीरिक एवं मानसिक विकास नहीं हो पाता है। अभिभावक थोड़ी-बहुत खेल के प्रति भी रुचियां बच्चों में बढ़ाएं ताकि बच्चों का सर्वांगीण विकास संभव हो सके।

खेल

एक ज़माना था, जब अभिभावक अपने बच्चों को पढ़ने-लिखने के लिए प्रेरित करने के लिए कहा करते थे : **पढ़ोगे लिखोगे बनोगे नवाब। खेलोगे कूदोगे होगे खराब॥** फिर समय में परिवर्तन आया, लोगों ने खेलों का महत्त्व समझा।

अब न तो खेलने-कूदने से बच्चे खराब हो रहे हैं और न पढ़ने-लिखने से नवाब बन रहे हैं। बच्चों की चेतना और सजीवता के लिए खेल आवश्यक है। खेल एक स्वाभाविक क्रिया है, जिसमें बच्चा अनुसरण, जिज्ञासा तथा रचनात्मक वृत्तियों के द्वारा जीवन का व्यावहारिक प्रशिक्षण प्राप्त करता है। बच्चों में परस्पर सहयोग, सहभागिता और एकजुटता की भावना बढ़ती है। इसलिए कहा जाता है कि खेल अभिव्यक्ति, अहम प्रतिभा प्रदर्शन का सर्वोत्तम माध्यम है। हर व्यक्ति अपने भाव और भावनाओं की अभिव्यक्ति विभिन्न माध्यमों से करना चाहता है। गूंगा भी अभीष्ट लक्ष्य की प्राप्ति के लिए इशारों से काम लेता है। बच्चे खेल के माध्यम से अपनी प्रतिभा को नई दिशा देते हैं। बच्चों से संबंधित खेलों में कुछ विशेषताएं पाई जाती हैं। ये विशेषताएं इस प्रकार हैं :

खेल के लिए इच्छा होना जरूरी है

बच्चा जब चाहता है तब खेलता है, जहां चाहता है वहां खेलता है। जो खेल उसे पसंद होता है, वही खेलता है। उसे खेलने के लिए बड़े भारी साधनों, संयंत्रों की आवश्यकता नहीं होती। मिट्टी के घरौंदे बनाना बच्चों का प्रिय खेल है, जो बिना साधनों के भी खेला जाता है। शिशु घंटों अपने पैर के अंगूठे को मुंह में डालने का खेल खेल सकता है। किशोरावस्था के बच्चे के खेलों में कुछ नियम होते हैं,

जिनका पालन उसे करना पड़ता है। छोटी उम्र के बच्चे के खेलों के कोई नियम नहीं होते। ये नियम वह समाज द्वारा ही अनुकरण करता है। गुड्डे-गुड़ियों का खेल सामाजिक नियमों से ही प्रभावित और प्रेरित होता है। छोटे बच्चों के खेल कमरे के अंदर ही खेले जाते हैं।

आयु की वृद्धि के साथ-साथ खेल की रुचियों में अंतर

छोटे बच्चों के खेल और बड़े बच्चों के खेलों में अंतर होता है। छोटे बच्चों के खेलों में क्रियाशीलता होती है, तो बड़े बच्चों के खेलों में परिश्रम। छोटे बच्चे खिलौनों के साथ खेलते हैं, जबकि बड़े बच्चों के खिलौने खेलों के उपकरण होते हैं। छोटी बच्ची अपनी रबर की गुड़ियों को नहलाने का अभ्यास करती है, उसे सोने के लिए अवसर देती है। जबकि वास्तव में यह सब निर्जीव वस्तुएं होती हैं, लेकिन छोटी आयु के बच्चे इन बातों को नहीं मानते। बड़े बच्चे क्रिकेट, फुटबाल, हॉकी के साथ खेलते हैं। स्कूल जाने वाले बच्चों की खेल संबंधी रुचियों में परिवर्तन आने लगता है।

रुचियों में कमी आती-जाती है

जैसे-जैसे उम्र बढ़ती जाती है, वैसे-वैसे खेल रुचियों में कमी आती-जाती है। स्कूल के चार सौ विद्यार्थियों में से कितने बच्चे शाम को खेलने के लिए स्कूल में जाते हैं? मुश्किल से पांच प्रतिशत। आठ से बारह वर्ष तक के बच्चे ही खेलों में सबसे ज्यादा रुचि रखते हैं। बड़ी कक्षाओं में पढ़ने वाले (सात-आठ और उससे अधिक कक्षाओं के) बच्चों को अभिभावक खेलने भी नहीं देते और उनका इस प्रकार से खेलने में अधिक समय देना अभिभावकों की नजरों में खटकता है। इसलिए वे जब भी बच्चों को डांटते हैं अथवा अपमानित करते हैं तो उसके खेलने को अवश्य ही कोसते हैं।

"दिन-भर खेलने से फुरसत मिले तब ना.. मैं तो कहती हूं कि इसका बैट बाहर फेंक दो... जब देखो तब क्रिकेट... इस पर तो रात-दिन क्रिकेट खेलने का भूत सवार रहता है... न खाने की फिक्र न पढ़ने की चिंता... ।" अभिभावकों का ऐसा हतोत्साहन पाकर बच्चों में खेलने की रुचि कम हो जाती है और वे खेलों से दूर हो जाते हैं या फिर उनकी उस खेल विशेष में रुचि अत्यधिक बढ़ जाती है।

कुछ खेल ऐसे होते हैं जिनमें हमेशा जोखिम बनी रहती है। लेकिन फिर भी बच्चे उस खेल को खेलना पसंद करते हैं। पेड़ों पर चढ़ना, तैरना, साइकिल चलाना, लंबी कूद आदि ऐसे ही खेल हैं। जोखिम भरे खेलों को खेलकर बच्चे साहस का परिचय देते हैं।

खेलों में पुनरावृत्ति होती है

भारत और पाकिस्तान के बीच कई बार क्रिकेट मैच हो चुके हैं, होते रहते हैं, लेकिन हर बार लोगों को मैच देखने में उतना ही आनंद आता है। बच्चे भी खेलों को कई-कई बार दोहराते हैं। आपस में मैच खेलना बच्चों को अच्छा लगता है। इस तरह से जब वे बार-बार एक ही खेल को खेलते हैं, तो उस खेल विशेष में निपुण हो जाते हैं।

स्कूल में बच्चों को नए-नए खेल सिखाए जाते हैं, इस प्रकार से नए-नए खेल खेलने के लिए बच्चा स्कूल जाता है। कुछ ऐसे खेल होते हैं जिन्हें खेलने से बच्चों की कल्पना शक्ति का विकास होता है; जैसे– चोर-सिपाही, रामलीला, रेलगाड़ी बन कर छुक-छुक, गुड्डे-गुड़ियों का ब्याह रचाना, नाटकों में अभिनय करना आदि। इस प्रकार के खेलों से जहां बच्चों में कल्पना शक्ति का विकास होता है वहीं उनमें उत्तरदायित्व की भावना आती है। चोर-सिपाही खेलते-खेलते ही बच्चा समझने लगता है कि चोर चोर होता है और सिपाही सिपाही। इसी प्रकार से गुड्डे-गुड़ियों का ब्याह रचाते-रचाते ही लड़कियां बड़ी हो जाती हैं और भावी जीवन के बारे में सोचने लगती हैं।

खेल मनोरंजन के साधन होते हैं। बच्चे अपनी प्रतिभा की अभिव्यक्ति खेलों के माध्यम से करते हैं। खेलों में जीतने पर उन्हें अपनी सफलता पर जो प्रसन्नता होती है, वह उन्हें और अच्छा खेलने के लिए प्रेरित करती है। खेलों के द्वारा ही बच्चे जीवन में समन्वय करना सीखते हैं और सफलता की नई ऊंचाइयों को छूते हैं।

मित्र मंडली

सुजाता को अपने बारह वर्षीय पुत्र दिनेश से हमेशा यह शिकायत रहती है कि वह दिन-भर घर में ही घुसा रहता है न किसी से बोलता है न खेलने के लिए बाहर जाता है, जब देखो एकांत में चुपचाप घुन्ना-सा बैठा रहता है। वहीं शालिनी की समस्या है कि उसका शानू घर में रुकता ही नहीं। सारा दिन दोस्तों के सिवा उसे कुछ अच्छा ही नहीं लगता, दोस्तों के साथ खेलने में उसे खाने-पीने का भी होश नहीं रहता।

किशोर बच्चों के संबंध में अभिभावकों द्वारा व्यक्त की गई दोनों ही परिस्थितियां बच्चों के मित्रों से संबद्ध हैं। पहली में जहां समस्या मित्रों का अभाव है, तो दूसरी में मित्रों की अधिकता। दोनों ही परिस्थितियों में बच्चों के व्यक्तित्व और प्रतिभा पर विपरीत प्रभाव पड़ता है। वास्तव में बच्चों की प्रतिभा और व्यक्तित्व विकास के लिए जहां मित्रों का होना नितांत आवश्यक है, वहीं कुछ गलत मित्रों के कारण

उनमें दूषित संस्कारों का आ जाना भी स्वाभाविक होता है। इसलिए बच्चों की इस मनोवैज्ञानिक आवश्यकता में अभिभावकों को स्वयं रुचि लेनी चाहिए। प्रत्यक्ष और अप्रत्यक्ष रूप से इसमें सहयोग देना चाहिए। मित्रता के कुछ मूल सिद्धांत होते हैं, इसलिए आप देखें कि आपके बच्चों के मित्र समान आयु, समान आर्थिक और सामाजिक स्तर के हों। बच्चे में यदि कुछ विशिष्ट गुण होंगे तो उसे मित्र बनाने में देर न लगेगी। वैचारिक समानता मित्रता का मूलमंत्र है। यदि बच्चों के मित्रों में वैचारिक समानता होगी तो उनकी मित्रता आगे बढ़ेगी, फलेगी, फूलेगी, इसलिए आप देखें कि उनके मित्रों और उनमें कहीं कोई विशेष वैचारिक मतभेद तो नहीं है। यदि आप समझते हैं कि विचारों में कहीं कोई बड़ा अंतर, पूर्वग्रह, भ्रामक धारणा है तो उन्हें समाप्त करने-कराने में अपना सहयोग व समय दें। बच्चों को परस्पर समझने के पर्याप्त अवसर दें। इस प्रकार की मध्यस्थता में यह ध्यान रखें कि आप अपने विचार, सिद्धांत, आदर्श, आज्ञाएं उन पर न थोपें। न ही आप स्वयं उनके मित्र बनने की कोशिश करें। हमेशा बच्चों पर अपनी आज्ञाओं, अनुशासन की बौछार उचित नहीं। इससे वे आप से दूर रहने लगेंगे।

बच्चों की मित्र मंडली के संबंध में आप केवल इतना करें कि अपने बच्चों को मुहल्ले, कालोनी, पास-पड़ोस अथवा कक्षा के अच्छे बच्चों से परिचय करा दें। उन्हें साथ-साथ खेलने, पढ़ने, खाने, काम करने, एक-दूसरे के निकट आने के अवसर प्रदान करें। इससे जहां बच्चों में परस्पर समन्वय और मित्रता करने, समझौता करने की इच्छा, क्षमता, ललक पैदा होगी, वहीं मित्रता के बीज अंकुरित होने लगेंगे। वे एक-दूसरे के विचारों को जानेंगे, फिर सत्य और प्रामाणिक तर्कों, सिद्धांतों के आधार पर एक-दूसरे की बातों में विश्वास करने लगेंगे, मित्र बन जाएंगे।

बच्चे अपने मन की बात, समस्या, जिज्ञासा, आशंका अन्य किसी को कहने की अपेक्षा अपने मित्रों से कहना अधिक पसंद करते हैं और बहुत से व्यवहार वे केवल अपने मित्रों से सीखते हैं। उनकी आशंकाओं, जिज्ञासाओं की संतुष्टि मित्रों से ही अधिक होती है, इसलिए आप अपने बच्चों को उनके मित्रों से मिलने, बैठने, घूमने, पढ़ने, खेलने के लिए पर्याप्त अवसर प्रदान करें। उनके मित्रों में विश्वास व्यक्त करें और अपने इस विश्वास को उन पर प्रदर्शित भी करें।

संपन्न घरों की कुछ महिलाएं और पुरुष यह सोचते हैं कि उनका बच्चा गली के गंदे बच्चों के साथ मित्रता करेगा तो बिगड़ जाएगा आदि-आदि। वास्तव में यह भ्रामक सोच है। यदि गली के बच्चे अच्छे नहीं हैं तो आप का बच्चा स्वयं ही उनमें घुल-मिल न पाएगा। इसलिए बच्चों के संबंध में इस प्रकार की भ्रामक धारणा मन में न लाएं।

बच्चों के मित्रों का घर पर आने पर स्वागत करें। उन्हें वही स्नेह, आत्मीयता, सहयोग दें जो आप अपने बच्चों को देते हैं। पढ़ने अथवा खेलने के बाद यदि आप अपने बच्चों को दूध, चाय अथवा स्वल्पाहार देते हैं, तो उनके मित्र को भी समान रूप से दें, इससे जहां दोनों की मित्रता में निकटता आएगी, वहीं उनमें परस्पर स्नेह बढ़ेगा। वे साथ-साथ खेलने, पढ़ने के लिए उत्साहित होंगे। उनमें परस्पर स्वस्थ प्रतियोगी भावना विकसित होगी, जो उन्हें हमेशा अच्छे कामों के लिए एक-दूसरे से आगे बढ़ने के लिए प्रेरित करेगी।

अपने बच्चों को उनके मित्रों के सामने भला-बुरा न कहें और न ही उन्हें उनकी किसी गलती के लिए मारें-पीटें अथवा प्रताड़ित करें। घर से भागने वाले बच्चों में अस्सी प्रतिशत बच्चे अभिभावकों द्वारा प्रताड़ित एवं अपमानित होने पर ही घर से भागते हैं। बच्चों के मित्रों के सामने उनकी किसी कमजोरी, दोष अथवा आदत की भी चर्चा न करें, न ही अपने बच्चों की किन्हीं गलतियों अथवा कमजोरियों के लिए उनके मित्रों को जासूसी करने के लिए कहें। आपकी इन बातों के कारण आपके बच्चे अपने ही मित्रों के बीच उपेक्षा और हंसी के पात्र बन सकते हैं, अपने ही मित्रों से 'ब्लैक मेल' हो सकते हैं अथवा हीनता से ग्रसित हो सकते हैं।

इस बात का ध्यान रखें कि बच्चे अपने मित्रों के साथ देर रात तक बाहर न रहें। दिन में भी अधिक देर तक बच्चों को एकांत में न रहने दें, न ही उन्हें एकांत में सोने का अवसर प्रदान करें। बल्कि यह प्रयत्न करें कि बच्चे खुली जगह पर सबके सामने बैठें। कभी-कभी एकांत पाकर कुछ बच्चे गलत आदतों के शिकार हो जाते हैं।

मनोवैज्ञानिकों के अनुसार किशोर उम्र के बच्चों में एकांत पाते ही एक विशेष प्रकार का अंतःस्राव होने लगता है, जो उनके मस्तिष्क को सक्रिय करता है और इन क्षणों में बच्चे (किशोर बच्चे) कुछ रोमांचकारी कार्य करने के लिए सक्रिय हो जाते हैं। अपने बच्चों के मित्रों से अभिभावक हमेशा संपर्क बनाकर रखें ताकि आपको इन बच्चों के द्वारा अपने बच्चों की प्रगति, सफलता, असफलता और अन्य गतिविधियों की रिपोर्ट मिलती रहे। इससे जहां आपको अपने बच्चों के व्यक्तित्व और प्रतिभा विकास की सूचना मिलेगी, वहीं बच्चों में भी आत्मविश्वास बना रहेगा कि कोई उनकी सफलता-असफलता को देख रहा है। वे कभी हताश अथवा निराश न होंगे। वे कठिनाइयों में टूटेंगे नहीं।

किशोरावस्था को प्राप्त करते बच्चे कभी-कभी भावनाओं के आवेश में अथवा गलत संगति के कारण घर से पलायन कर जाते हैं। ऐसे बच्चे बाल अपराधों की ओर

आकृष्ट होते हैं। आत्महत्या करने वाले बच्चे, जीवन के प्रति निराश बच्चे, इन सब पर जब अलग-अलग सर्वे किया गया तो एक बात खुलकर सामने आई कि ऐसे बच्चों के मित्र नहीं थे। मित्रों के अभावों ने जहां इन बच्चों को अंतर्मुखी बनाया, वहीं वे मानसिक रूप से भी हिंसक, विद्रोही और प्रतिशोधी बन गए। कुंठा और निराशाओं में घिर कर ही ऐसे कार्यों के लिए ये बच्चे प्रेरित हुए।

आशय यह है कि बच्चों के मित्र जहां उन्हें सुरक्षा, संरक्षण और सहयोग देते हैं, वहीं उनकी मानसिक शक्तियों को भी दम दिलाते हैं। उनमें आत्मविश्वास की भावना जाग्रत कराते हैं। दस से सोलह वर्ष तक के लड़के-लड़कियां अपने मित्रों से बातें करने, उनसे मिलने, उन्हें अपने दिल की बातें बताने के लिए इतने उत्सुक और लालायित रहते हैं कि उन्हें अपने मित्रों से मिले बिना चैन ही नहीं पड़ता। वास्तव में यदि उनके इन मनोवैज्ञानिक संवेगों को उचित समाधान नहीं मिला तो उनमें कई मनोवैज्ञानिक दोष आ सकते हैं। बच्चों की मानसिक संतुष्टि के लिए इस विषय में सदैव गंभीर रहें। बच्चों को दूसरों से स्नेह, विश्वास और आस्था का मूल्य चुकाने में जो आनंद की अनुभूति होती है, वे अपने इन आदर्शों और सिद्धांतों के प्रति समर्पित होते हैं और इन्हें वे अपने मित्रों से ही पूरा करना, कराना चाहते हैं। परस्पर विश्वास में जन्मी, पली, बढ़ी हुई ये भावनाएं ही उन्हें सामाजिक बनाती हैं।

मित्रता का अर्थ होता है घनिष्टता, यह घनिष्टता पहले अस्थायी रूप से होती है और फिर विश्वास पाकर ही स्थायी होती है। हमने ऐसे-ऐसे मित्र देखे हैं, जो चार-पांच की उम्र से लेकर साठ-पैंसठ तक की उम्र होते हुए भी आपस में घनिष्ट मित्र हैं।

अतः आप अपने परिवार, विद्यालय और आस-पास के लोगों से ही मित्र बनाने में बच्चों का सहयोग करें। किशोरावस्था के क्रम में यदि आप अपने बच्चों की मित्रता किसी लड़की अथवा लड़के से देखते हैं, तो उत्तेजित न हों और न ही इसे पाप की श्रेणी में लें। वास्तव में आपका स्नेह, विश्वास और सहानुभूति ही इस समस्या का समाधान है। बच्चे स्वाभाविक रूप से अपनी मित्रता का निर्वाह स्वयं करें, इसलिए उन्हें इस विषय में एक सीमा के बाद स्वतंत्र छोड़ देना चाहिए।

5

बच्चों का विकास कैसे हो?

बच्चा अपने आस-पास से बहुत कुछ सीखता है। वह अपने अनुभवों से जैसे- छूकर, देखकर, सूंघकर, चोट खाकर, गिरकर आदि अनुभवों से सीखता है। बच्चा चीजों के बारे में अपने हिसाब से अवधारणाएं बनाता है। ऐसा भी हो सकता है कि जिस चीज से उसे डरना चाहिए उससे वह न डरे। जो बातें उसे नहीं बोलनी हों, फिर भी उसे दुहराए बच्चे की यह सीखने की प्रक्रिया शुरू के 5-6 वर्षों में ज्यादा होती है।

परिवार ही वह स्थान है जहां बच्चा जन्म के पश्चात् ज्ञान की प्राप्ति करता है, तथा संसार ग्रहण करता है। आज आवश्यकता इस बात की है कि अभिभावकों का जीवन और परिवार का वातावरण आदर्श हो, तभी बच्चे में अच्छे गुणों का विकास हो सकता है। जन्म के बाद सर्वप्रथम बच्चा मां के संपर्क में आता है। मां यदि बच्चे के सफल, सशक्त निर्माण और सर्वांगीण विकास के लिए कटिबद्ध हो जाए तो नयी पीढ़ी का नवनिर्माण करके राष्ट्र के विकास में चारचांद लगा सकती है। मां की सोच तथा क्रियाकलापों से बच्चा संस्कार ग्रहण करता है। बच्चों की प्रतिभा का पूर्ण रूप से विकास हो इसके लिए मां को पूरी तरह से सजग रहना होगा। मां को गर्भावस्था में तथा जन्म के उपरान्त अपने आपको तथा परिवार के वातावरण को पूरी तरह से संयमित, संतुलित व व्यवस्थित बनाए रखना होगा। मां बच्चे को मात्र जन्म ही नहीं देती है, अपितु उसके भविष्य का निर्माण भी करती है। सच पूछा जाए तो वही उसकी सच्ची शिक्षिका भी है। बच्चा मां के अलावा पिता पर भी बहुत ध्यान देता है और जैसा व्यवहार पिता द्वारा हो रहा है उसका अनुकरण करता है। इसके अतिरिक्त परिवार के सभी सदस्य बच्चे के विकास में महत्त्वपूर्ण भूमिका निभाते हैं।

विद्यालय में प्रवेश के बाद बच्चे पहली बार परिवार से दूर होते हैं तथा विद्यालय के सोपानों से परिचित होते हैं। बच्चों की प्रतिभा का पूर्ण रूप से विकास होने के लिए आवश्यक है कि विद्यालय का वातावरण स्वच्छ, सुंदर, बाल-सुलभ इच्छाओं के अनुरूप तथा आकर्षक हो।

प्रायः सभी माता-पिता अथवा अभिभावकों के सामने एक महत्त्वपूर्ण प्रश्न होता है कि वे अपने बच्चों को कहां पढ़ाएं? माता-पिता अपने आपको दिक्कतों में रखकर भी अपने बच्चे को अच्छी शिक्षा देना चाहते हैं; बच्चे के स्कूल जाने योग्य होने पर वे अपने परिचितों से अच्छे स्कूलों की जानकारी प्राप्त करते हैं तथा बच्चे को अच्छी शिक्षा दिलाने की कोशिश करते हैं। माता-पिता के लिए एक ओर बच्चे के संपूर्ण व्यक्तित्व का विकास करना होता है तो दूसरी ओर उसमें छिपी हुई प्रतिभा को उभारना।

बच्चा अपने आस-पास से बहुत कुछ सीखता है। वह अपने अनुभवों से जैसे-छूकर, देखकर, सूंघकर, चोट खाकर, गिरकर आदि अनुभवों से सीखता है। बच्चा चीजों के बारे में अपने हिसाब से अवधारणाएं बनाता है। ऐसा भी हो सकता है कि जिस चीज से उसे डरना चाहिए उससे वह न डरे। जो बातें उसे नहीं बोलनी हों, फिर भी उसे दुहराए। बच्चे की यह सीखने की प्रक्रिया शुरू के 5-6 वर्षों में ज्यादा होती है। बच्चा स्कूल में पढ़ना-लिखना सीखने के साथ-साथ वह दूसरों के ज्ञान और अनुभवों से भी बहुत कुछ सीखता है। बच्चे के व्यक्तित्व पर अपने मित्रों, शिक्षकों, आस-पास के माहौल आदि सब कुछ का चेतन और अचेतन रूप से बहुत प्रभाव पड़ता है।

बाल्यावस्था में स्कूल ही बच्चों का मुख्य जीवन क्षेत्र होता है, जहां बच्चों को माता-पिता को छोड़कर पहली बार प्रवेश करना पड़ता है। स्कूल आने पर पहली बार बच्चे का परिवार से अलग स्कूल का अनुशासन, नियम, प्रतिस्पर्धा और उसकी समायोजन की क्षमता का परीक्षण होता है। सभी बच्चे स्कूल समायोजन में सफल नहीं होते और उनमें शैक्षणिक तथा व्यवहार संबंधी अनेक समस्याएं होने की संभावना होती है। स्कूल से सम्बन्धित कुछ प्रमुख समस्याएं हैं—कम उपलब्धि, परीक्षा में असफलता, कक्षा में पूरी तरह से ध्यान न दे पाना आदि। बच्चे का विकास सही दिशा में होने के लिए आवश्यक है कि माता-पिता और शिक्षक दोनों पर्याप्त ध्यान दें तथा बच्चे की किसी भी प्रकार की समस्या होने पर उसका पूर्ण रूप से निवारण करें।

वर्तमान समय में बच्चों पर अध्यापकों को ज्यादा ध्यान देने की जरूरत है। बच्चों को वह सभी सुविधाएं देनी चाहिए, जिनसे वह अपना ज्ञान बढ़ा सके। बच्चों की

जिज्ञासाएं विस्तृत होती हैं और बच्चे को अपने मन में उठने वाले प्रश्नों का जवाब चाहिए।

खेल स्वाभाविक और सबसे ज्यादा प्रभावकारी माध्यम है, जिससे बच्चा सीखता है। खेल सोच-विचार को स्पष्ट करता है और बच्चे को अन्वेषण और कल्पना करने का और अनुभवों को कुछ ऐसी चीजों में बदलने का जो उनके लिए अर्थ रखती है, का मौका देती है। खेलों के माध्यम से बच्चे का मानसिक और शारीरिक विकास होता है तथा सामाजिक और संवेगात्मक क्रियाओं, तर्क करने, समस्या सुलझाने, बातचीत करने तथा कल्पना जैसी बौद्धिक क्रियाओं का संगठन होता है। जिन बच्चों को खिलौने, खेल के साथी, खेल स्थान तथा उचित मार्गदर्शन उपलब्ध नहीं होता, वे शारीरिक और मानसिक रूप से पिछड़ जाते हैं। प्रसिद्ध मनोवैज्ञानिक **मैक्डूगल** ने खेल को अनुकरण तथा संकेत आदि के समान एक सामान्य जन्मजात प्रवृत्ति माना है। बच्चे के विकास में खेलों का बहुत महत्त्वपूर्ण योगदान है। खेलों के द्वारा बच्चा स्वतंत्रतापूर्वक अपनी सामान्य प्रवृत्तियों को अभिव्यक्त करता है। भिन्न-भिन्न खेलों में बच्चे की भिन्न-भिन्न मानसिक योग्यताओं, निरीक्षण, निर्णय, स्मृति, ध्यान, बुद्धि कल्पना आदि के अभ्यास का अवसर मिलता है, जिससे अच्छा विकास होता है। खेलों में बच्चे को नई-नई परिस्थितियों से निपटना पड़ता है और नई-नई समस्याएं सुलझानी होती हैं, जिससे बुद्धि परिपक्व होती है।

बच्चा खेलों के द्वारा भी अनुशासन, सहयोग, उदारता, सहिष्णुता, नियम पालन तथा नेतृत्व आदि सामाजिक गुणों का विकास करता है। सच तो यह है कि खेलों का शारीरिक, मानसिक, संवेगात्मक तथा सामाजिक विकास के लिए पूरा लाभ उठाने के लिए शिक्षक को समय-समय पर सुझाव देने चाहिए और खेलते समय बच्चों की देखभाल करनी चाहिए।

ऊपर लिखी बातों पर ध्यान दिया जाए तो बच्चे के व्यक्तित्व का संतुलित विकास होगा और बच्चा जीवन के हर मोड़ पर सफल होगा।

6

व्यक्तिगत भिन्नताएं और व्यक्तित्व विकास

> *मनोवैज्ञानिकों की धारणा है कि प्रत्येक व्यक्ति के भीतर बाल्यकालीन अवस्था में ही एक विशिष्ट प्रकार की व्यक्तित्व संरचना निर्मित हो जाती है। आगे आने वाली अवस्थाओं में जब बालक के समाजीकरण और अधिगम की प्रक्रियाएं प्रारंभ हो जाती हैं तो व्यक्तित्व संरचना का विकास होने लगता है।*

स्कूल में भिन्न-भिन्न बच्चे जिन परिवारों और समुदायों से आते हैं, उनसे उनमें अंतर हो जाता है। कोई भी दो बच्चे शारीरिक और मानसिक रूप से बिल्कुल एक जैसे नहीं होते हैं।

'व्यक्तित्व' विशेष रूप से मनोवैज्ञानिकों के लिए जिज्ञासा का विषय रहा है। मनोवैज्ञानिकों की धारणा है कि प्रत्येक व्यक्ति के भीतर बाल्यकालीन अवस्था में ही एक विशिष्ट प्रकार की व्यक्तित्व संरचना निर्मित हो जाती है। आगे आने वाली अवस्थाओं में जब बच्चे के समाजीकरण और अधिगम की प्रक्रियाएं प्रारंभ हो जाती हैं तो व्यक्तित्व संरचना का विकास होने लगता है। बच्चों की व्यवहार संबंधी विशेषताओं में अंतर दिखाई देने लगता है और धीरे-धीरे एक बच्चा दूसरे बच्चे से भिन्न दिखलाई पड़ने लगता है। यहीं से बच्चे के व्यक्तित्व में वैयक्तिकता और विशिष्टता का विकास प्रारंभ होता है। बच्चे की आदतें, मनोवृत्तियां, रुचियां, भावनाएं, नैतिक मूल्य तथा शीलगुण आदि कुछ ऐसे तत्त्व माने जाते हैं, जिनके संयोजन से बच्चे का व्यक्तित्व बनता है।

प्रारंभ में बच्चा अपने भौतिक और सामाजिक परिवेश के साथ संवेगात्मक संबंध विकसित करने लगता है तथा सुंदर वस्तुओं की ओर आकर्षित होता है। कभी-कभी

बच्चा अपने परिवेश के कुछ तत्त्वों के प्रति क्रोध, भय, घृणा एवं ईर्ष्या का भी प्रदर्शन करता है। बच्चे का यह संवेगात्मक संबंध स्थायी नहीं होता बल्कि परिस्थिति के साथ संबद्ध होने के कारण बदलता रहता है।

यद्यपि प्रारंभिक वर्षों में दृढ़ नैतिक मूल्यों का निर्माण एवं विकास असंभव है, फिर भी वह सुख और दुख अनुभूतियों के आधार पर अच्छे और बुरे आचरणों को समझने लगता है।

व्यक्तिगत विभिन्नताओं के ज्ञान से अभिभावकों और शिक्षकों को लाभ

आधुनिक शिक्षा का उद्देश्य बच्चों के व्यक्तित्व का संपूर्ण विकास करना है। अभिभावकों और शिक्षकों को व्यक्तिगत विभिन्नताओं की जानकारी से निम्नलिखित सहायता प्राप्त हो सकती है।

1. **बच्चों की ओर उचित अभिवृत्ति :** इससे पिछड़े हुए और प्रखर बुद्धि तथा शरारती बच्चों की ओर सही अभिवृत्ति बनाई जा सकती है। चूंकि पिछड़े हुए बच्चों से अच्छे परिणाम प्राप्त नहीं होते हैं, अतः पिछड़े तथा अन्य बच्चों में भेद किया जा सकता है।

2. **परिणाम के प्रति उचित दृष्टिकोण :** कक्षा में सभी बच्चों के परिणाम एक जैसे प्राप्त नहीं होते हैं तथा सभी बच्चों को एक समान नहीं बनाया जा सकता है। अतः बच्चों को अलग-अलग छांटना और उनमें निहित प्रतिभा का विकास करने में अभिभावकों को सहायता मिलती है।

3. **शिक्षण की सीमाओं का ज्ञान :** प्रत्येक बच्चे की सीखने की योग्यता में अंतर होता है। अतः वातावरण, शिक्षण विधि में परिवर्तन करके प्रत्येक बच्चे को उनकी प्रतिभा के हिसाब से सिखाया जा सकता है।

4. **असफलताओं से उद्विग्न न होना :** कुछ बच्चे औसत से नीचे होते हैं, अतः व्यक्तिगत भिन्नताओं का ज्ञान होने पर अभिभावक और शिक्षक उद्विग्न नहीं होंगे और बच्चे की क्षमता के अनुरूप उसका विकास करने का प्रयास करेंगे।

बच्चों में व्यक्तिगत भिन्नता होने के कारण सभी बच्चे को एक ही शिक्षा पद्धति से नहीं सिखाया जा सकता है। स्कूलों में मंदबुद्धि बच्चों की आवश्यकताओं के अनुसार उनके पाठ्यक्रम में अंतर किया जाना चाहिए। बच्चों में व्यक्तिगत भिन्नता के अंतर के ज्ञान से यह निश्चित होता है कि केवल स्कूलों में उनकी शिक्षा होना पर्याप्त नहीं है, क्योंकि कई अंतर परिवार और समाज के कारण होते हैं। अतः

आधुनिक मनोवैज्ञानिकों के अनुसार बच्चे के संपूर्ण व्यक्तित्व के विकास के लिए स्कूल के अलावा परिवार तथा अन्य संस्थाओं का सहयोग होना चाहिए।

व्यक्तिगत भिन्नताओं को जानकर शिक्षक तथा अन्य परामर्श केंद्र बच्चों को उनकी योग्यता के अनुसार परामर्श दे सकता है। प्रत्येक बच्चे की रुचि अलग-अलग होती है, अतः बच्चे की प्रतिभा के अनुसार उन्हें अपना व्यवसाय चुनने में सहायता मिल सकती है।

बच्चों के वैयक्तिक भिन्नता का शिक्षा में अत्यधिक महत्त्व है। सभी बच्चों का विकास एक ही शिक्षा पद्धति से नहीं हो सकता है। प्रत्येक बच्चे की योग्यता और क्षमता के अनुसार उसकी शिक्षा का प्रबंध होना चाहिए तभी उसके व्यक्तित्व का पूर्ण रूप से विकास हो सकता है।

7

हीनता

> अपनों को दूसरों से श्रेष्ठ, बुद्धिमान, बड़ा, प्रगतिशील सोच वाला मानना समझना, प्रदर्शित करना एक मनोवैज्ञानिक कमजोरी है। इसी कमजोरी के कारण बच्चा भी अपने आपको दूसरों से श्रेष्ठ समझता है। जब वह अपनी तुलना दूसरों की प्रगति, सफलताओं, उपलब्धियों से करता है तो उसे अपनी लघुता का एहसास होता है। यह एहसास ही हीन भावना है। इस हीन भावना से ग्रसित होकर जहां बच्चा अंतर्मुखी होकर अपने आपको धोखा देता है, वहीं उसमें दायित्वहीनता, अपराध बोध जैसे अनेक विकार घर करने लगते हैं। प्रतिभा विकास पर हीनता की छाया से व्यक्तित्व विकास में घुन लग जाता है।

वर्तमान युग भौतिकवादी युग है। भौतिक सुख-सुविधाओं को जुटाने के लिए कड़ी प्रतियोगिता हो रही है। व्यक्ति अपने को देखकर, अपने स्तर को देखकर यदि संतुष्ट हो जाए, तो वह प्रगति भी नहीं कर सकता। व्यक्ति दूसरों को देखकर ही अपने जीवन स्तर से उसकी तुलना करने लगता है। इस तुलना में उसके पल्ले निराशा ही आती है और यह निराशा ही उसे प्रतियोगिता में खड़े होने के लिए प्रेरित करती है। उसमें प्रतिस्पर्द्धा की भावना आती है। वास्तव में हमारे प्रतिद्वंद्वी ही हमारे असली सहायक हैं, लेकिन बच्चों की सोच और बड़ों की सोच में अंतर होता है। जब बच्चा दूसरों की सफलताओं को देखता है और दूसरों से आगे बढ़ना चाहता है, लेकिन वह कुछ क्षेत्रों में पीछे रह जाता है। यह स्वाभाविक ही होता है कि बच्चा हर क्षेत्र में सफलता प्राप्त नहीं कर पाता। जब बच्चा यह अनुभव करता है कि वह श्रम और प्रयासों के बाद भी दूसरों के मुकाबले पिछड़ रहा है, सफलता प्राप्त नहीं कर पा रहा है, तो उसमें हीनता की भावना पनपने लगती है। यह हीनता की भावना प्रतिभा विकास में लगा हुआ ऐसा घुन है, जो जीवन-भर बच्चे को प्रभावित करता है।

कुछ बच्चे तो विकलांगता के कारण, कुछ निर्धनता के कारण, कुछ शारीरिक कमियों के कारण अपने आपको हीन मानने लगते हैं। जबकि मनोवैज्ञानिक सोच यह है कि बच्चा अपने आपको हमेशा दूसरों से श्रेष्ठ, सुंदर, बुद्धिमान मानता है। कुछ बच्चों में जब हीन भावना घर करने लगती है, तो वह अपनी इस हीनता को पचा नहीं पाते। हीनता की भावना यदि प्रेरणा बन बच्चे की हीनता दूर करने में सहायक सिद्ध हो जाए तो उसका भविष्य सुधर सकता है, लेकिन वास्तव में ऐसा कम ही होता है। हीनता की भावना तभी बच्चों के लिए लाभदायक सिद्ध हो सकती है, जब वे अपनी हीनता पर विजय पाने की चेष्टा करते हैं, परंतु ऐसे बच्चे बहुत कम होते हैं। अधिकांश बच्चे हीनता के कारण अपने आपको कमजोर, दब्बू, असहाय, गरीब, समझने लगते हैं। उनमें यह भावना एक मानसिक ग्रंथि के रूप में बन जाती है। हीनता की यह भावना उसे हमेशा तनावग्रस्त बनाए रखती है। हीनता के कारण उसके संवेग तीव्र होने लगते हैं। वह बात-बात में क्रोधित, उत्तेजित और अनुशासनहीन हो जाता है। आजकल के अभिभावक उसकी इस भावना को ही पीढ़ी का अंतर अथवा 'जनरेशन गैप' समझकर अनदेखा करते हैं। वास्तव में हीनता की यह भावना एक मनोविकार के रूप में दृढ़ होने लगती है। यह भावना प्रतिभा विकास में बाधक तो बनती ही है साथ ही बच्चे के व्यक्तित्व पर भी भारी पड़ने लगती है, क्योंकि वह सामाजिक मान्यताओं, सामाजिक वर्जनाओं के प्रति विद्रोही भावनाएं व्यक्त करने लगता है। ऐसे व्यवहार ही उसे क्रोधी, सनकी, उद्दण्ड बना देते हैं। हीनता के कारण वह कक्षा में अन्य लड़कों के साथ भी समन्वय नहीं कर पाता। वह अपने अस्तित्व अथवा वर्चस्व के लिए समाज और पाठशाला के अनुशासन के विरुद्ध आचरण करता है, इससे जहां उसके अहम की संतुष्टि होती है, वहीं वह अपनी हीनता को नकारने का प्रयास करता है, लेकिन वह अपने प्रयासों में सफल नहीं हो पाता।

जातीय हीनता के कारण एक बच्चा कक्षा के अन्य लड़कों के सामने स्वयं को हीन समझने लगा। कक्षा से पलायन करना उसकी आदत बन गई। स्कूल से भागकर सिनेमा के पोस्टर देखना, इधर-उधर फिरना उसका नित्य का कार्यक्रम बन गया। अन्य ऐसे ही लड़कों के साथ रहने से उसमें धूम्रपान, जुआ आदि की आदत पड़ गई। इस प्रकार से हीनता के कारण एक अच्छे बच्चे का वर्तमान और भविष्य बेकार हो गया।

अध्ययन और सूक्ष्म निरीक्षण करने के बाद ज्ञात हुआ कि वह अन्य बच्चों के सामने अपने आपको उस जाति विशेष से संबंधित नहीं बताना चाहता था, जबकि शिक्षक ने छात्रवृत्ति के क्रम में उससे जाति विशेष का होने का प्रमाण-पत्र लाने के लिए कहा।

ऐसे एक नहीं अनेक उदाहरण हमें अपने सामाजिक परिवेश में देखने को मिल जाते हैं। हीनता के कारण किशोर बच्चों में अपमानित होने का जो भाव पैदा होता है, उसके कारण भी उनकी प्रतिभा कुंठित होती है।

"रोते क्यों हो... शक्ल ही ऐसी है... रोते हुए जाओगे और मरे की खबर लाओगे... मैं तुम्हें जानता नहीं हूं क्या... तुमने आज तक रोने के सिवा और किया ही क्या है...?"

"चार आदमियों में तो बैठ ही नहीं सकता, दिन-भर घर में घुसा रहता है, जा, जाकर बिल में बैठ जा..."

"दीदी को एक पत्र भी नहीं लिख सकते, तुम्हारी पढ़ाई-लिखाई किस दिन काम आएगी.. लेकिन क्या करें, तुम्हें आता हो तो तुम्हें कुछ कहें भी, चार अक्षर शुद्ध लिख तो सकते नहीं... अगर कुछ लिख भी लिया तो... तुम्हारा लिखा हुआ भगवान ही पढ़ सकता है...।"

बच्चों की हीनता पर प्रहार करते अभिभावकों के ये कर्कश शब्द सुनकर भला कौन-सा बच्चा प्रेरित अथवा प्रभावित होगा, जब कि हीनताओं के कारण ऐसे शब्द हर बच्चे को अभिभावकों, शिक्षकों आदि से सुनने पड़ते हैं। ऐसे शब्द सुनकर ही बच्चे अपने आपको दूसरों से छोटा, कमजोर, असहाय, बदसूरत, लल्लू आदि समझने लगते हैं। अपने किसी शारीरिक अंग को कमजोर, बदसूरत समझने की भ्रामक धारणा के कारण भी कई लड़के-लड़कियों में अपने साथी दोस्तों से आंखें चुराने की आदत पड़ जाती है। अपने किसी अंग की कमी का उल्लेख कोई मित्र न कर दे, इसका भय हमेशा एक तलवार की भांति उस पर लटकता रहता है। ऐसे बच्चे हीनता से ग्रसित होकर न तो अपने साथी दोस्तों के साथ खेलते हैं, न उनके बीच बैठकर कोई बात करते हैं। अपने मन में पाली हुई ये हीन भावनाएं ही उसे स्कूल, कक्षा और खेल के मैदान से दूर ले जाती हैं। शिक्षकों और मित्रों से मिलना-जुलना वे बिल्कुल पसंद नहीं करते। अपने ही काले रंग, मोटी नाक, छोटे बालों, टूटे दांतों, मोटे होठों के कारण मन ही मन कुढ़ते रहते हैं। दूसरों के नाक, बाल आदि देख-देख कर जलते रहते हैं। जबकि वास्तव में सब वस्तुएं ईश्वर की दी हुई हैं और जिन पर हमारा कोई अधिकार नहीं, उन्हें स्वीकारना ही बुद्धिमत्ता है। लेकिन हीन भावनाओं से ग्रसित ऐसे बच्चे एकांत में रहना पसंद करते हैं। चुप रहना उनकी आदत बन जाती है। वे साथी मित्रों से भी दिल खोलकर नहीं मिलते। अकेलापन उन्हें अच्छा लगता है।

हीन ग्रंथि से ग्रसित बच्चे अपने आपको कभी प्रसन्न, संतुष्ट अनुभव नहीं करते, जबकि वास्तव में उनके अंदर भी प्रतिभा होती है और अवसर पाकर यही प्रतिभा उन्हें हीनता से मुक्त भी करती है, लेकिन प्रोत्साहन और प्रेरणा के अभाव में ऐसा हो नहीं पाता। शक्ल सूरत के लिए दुखी होना मूर्खता तो है ही साथ ही अनुचित भी है। केवल शारीरिक सुंदरता ही तो सब कुछ नहीं होती। सुंदरता की कोई सीमा नहीं होती, फिर सुंदरता के पीछे इस प्रकार से हाथ धोकर पड़ जाने का क्या आशय है? मन की सुंदरता पाना तो आपके हाथ में है, इसलिए इस सुंदरता को प्राप्त करें, जो प्रतिभा विकास के साथ अपने आप बढ़ जाती है। किशोर बच्चों को ही यही समझाना चाहिए कि शारीरिक सुंदरता के न होने पर अथवा शरीर के किसी एक अंग के सुंदर न होने पर हीन भावना लाना उचित नहीं। इसलिए ऐसी हीनता को छोड़कर मन की सुंदरता लाने के प्रयास करने चाहिए। आप अपने व्यक्तित्व को निखारें। समय का सर्वोत्तम सदुपयोग करें।

हीनता के कारण बच्चों के प्रतिभा विकास पर बहुत विपरीत प्रभाव पड़ता है। वे अपने मन की बात दूसरों से नहीं कह पाते। मंच पर जाने से उन्हें पसीना आ जाता है। वे घर पर भी अपनी बात को बड़ों के सामने ठीक प्रकार से व्यक्त नहीं कर पाते। ऐसे बच्चे ही बड़े होकर जब कभी साक्षात्कार के लिए जाते हैं, तो वे अपनी बात ठीक प्रकार से नहीं कह पाते। किशोर लड़के लड़कियों से बात नहीं कर पाते। लड़कियां तो वैसे भी स्वभाव से शर्मीली होती हैं, उन्हें तो लड़कों से बात करने में ही पसीना आ जाता है। बात करते समय ये लड़कियां-लड़के इतने घबरा जाते हैं कि पहले तो उनका मुंह सूखने लगता है फिर हाथ-पैर कांपने लगते हैं, दिल धड़कने लगता है, वे जो कहना चाहते हैं, भूल तक जाते हैं।

यदि आपके बच्चे में भी किसी प्रकार की कोई हीन भावना घर कर गई है या हीनता ग्रंथि बन गई है, तो थोड़े प्रयास से यह हीनता की भावना समाप्त हो सकती है। सच तो यह है कि हीनता की भावना बच्चों में भ्रामक सोच के कारण आती है। आप अपने किशोर बच्चों में रुचि लें, उन्हें ओढ़ी हुई इस हीनता से मुक्त कराने के लिए उनमें आत्मविश्वास पैदा करें। उन्हें यह बता-समझा दें कि उनकी सामाजिक और पारिवारिक मान-प्रतिष्ठा उनके सुंदर होने से अथवा गोरे होने से नहीं, बल्कि उनकी प्रतिभा, व्यवहार और योग्यता से है।

योग्यता और व्यवहार अच्छे आचरण से प्राप्त हो सकते हैं। प्रतिभा का विकास निरंतर अभ्यास से होता है। निष्ठाजन्य अभ्यास और कर्मठता से निरंतर सफलताएं प्राप्त होती हैं। लक्ष्य की प्राप्ति होती है। लक्ष्य प्राप्ति के लिए तन की सुंदरता आवश्यक नहीं। लता मंगेशकर की सुंदरता उसकी वाणी में है। इस प्रकार की समझ किशोरों

को हीनता से मुक्त कराएगी और वे लक्ष्यों की प्राप्ति के लिए निरंतर प्रयत्नशील रहेंगे। इस प्रकार की सोच केवल अभिभावक ही बच्चों में पैदा कर सकते हैं।

अच्छा तो यह होगा कि किशोरों में प्रारंभ से ही आत्मविश्वास की भावनाएं जगाएं। उनमें हीन भावना आने ही न दें। उन्हें व्यावहारिक जीवन का प्रशिक्षण देने के लिए छोटी-छोटी बातें, शिष्टाचार युक्त आचरण और व्यवहार, खाने-खिलाने का सलीका, सफाई, स्वच्छता आदि के बारे में बताएं। उनमें निहित क्षमताओं को विकसित होने के अवसर दें।

किशोर बच्चे अपने से संबंधित काम स्वयं करें। अपना बिस्तर स्वयं लगाएं, जूते संभालना, उन पर पालिश करना, बस्ता संभालना, विद्यालय जाने के लिए तैयार होना, विद्यालय का गृहकार्य पूरा करना, बाल संवारना, विद्यालय की यूनीफार्म पहनना, उतारना, संभालना आदि ऐसे कार्य हैं जो बच्चों से कराने चाहिए। इससे जहां उन्हें इन कार्यों को करने की आदत पड़ेगी, वहीं उनमें आत्म संतोष पैदा होगा। उनका मनोबल बढ़ेगा।

अभिभावकों की ये टिप्पणियां किशोरों को इसलिए अच्छी नहीं लगतीं क्योंकि उन्हें लगता है, ऐसी प्रतिबद्धता उनकी हीन भावनात्मक ग्रंथी को प्रभावित कर रही है, इसलिए किशोरावस्था में बच्चे स्वयं को अधिक खुला माहौल पसंद करते हैं। अतः इससे तो अच्छा होता, यदि अभिभावक बच्चे के साथ रहकर उसे काम करने के लिए प्रेरित करते। उद्देश्य यह है कि हीन भावना से ग्रसित किशोरों को जीवन की कठोर वास्तविकताओं से परिचित कराना चाहिए। ताने, व्यंग्य और उलाहनों से कुछ नहीं होता।

किशोर बच्चों की क्षमताएं जानें और फिर इन क्षमताओं के अनुसार उन्हें क्रियात्मक सहयोग दें। यदि उनके दिल में यह धारणा घर कर गई है कि उनकी नाक चपटी है, उनके बाल खड़े रहते हैं, दांत बड़े-बड़े हैं या वह गरीब हैं, नीच जाति के हैं, तो उन्हें बताएं कि संसार में इस प्रकार की विविधताएं स्वाभाविक हैं, कोई भी वस्तु एक जैसी नहीं होती।

बच्चों को यह बता दें कि अभाव कभी भी अभिशाप नहीं होते। अभावों का भी अपना सुख है। अपने जीवन को सुखमय बनाने के लिए हमें संघर्ष करना चाहिए।

पूत कपूत तो क्यों धन संचय और पूत सपूत तो क्यों धन संचय से भी आशय यही है कि बच्चों के लिए धन जुटाने की आवश्यकता नहीं। जीवन में बच्चों को अपने पैरों पर स्वयं खड़े होने के लिए प्रेरित और प्रोत्साहित करें।

आपके आसपास ऐसे बहुत से लोग होंगे जो गरीब हैं, लेकिन मेहनत-मजदूरी कर अपना जीवन सुख-शांति से जी रहे हैं। ऐसे लोग भी होंगे, जो कई तरह के अभावों के होते हुए भी कुशल होंगे, अपने बच्चों को ऐसे लोगों के उदाहरण दें। इस प्रकार के उदाहरण देखकर आपके बच्चों की हीनता की भावना समाप्त होने लगेगी। सच तो यह है कि हीनता एक भ्रामक सोच है, जो प्रयत्नों और प्रयासों से समाप्त हो सकती है।

लाड़-प्यार के वशीभूत होकर अपने बच्चों को मानसिक रूप से पंगु न बनाएं। बच्चा है, अभी नहीं समझेगा, जब सिर पर पड़ेगी तो समझ जाएगा... जैसी सोच उचित नहीं। सीखने-सिखाने की सारी क्रियाएं आयु के अनुसार ही अच्छी लगती हैं। अभिभावकों को चाहिए कि वे बच्चों के सामने 'भाग्यवाद' की बातें न करें। 'अमुक आयु में आपके बच्चे के भाग्य में अमुक योग है' जैसी निराधार बातें न कहें।

हीनता से मुक्ति के लिए आवश्यक है कि बच्चे अवसर के अनुकूल आचरण करें और अपने काम को पूरी तत्परता के साथ करें। कर्तव्यों के प्रति अपनाई गई व्यावहारिक जागरुकता किशोरों को जहां हीन भावना से मुक्त रखेगी वहीं किशोर विषम परिस्थितियों में हाथ पर हाथ रखकर नहीं बैठेंगे। प्रत्येक असफलता के बाद नए प्रयास इस आशा के साथ करेंगे कि अब तो उन्हें सफलता अवश्य मिलेगी। इस तरह के प्रयास ही उनमें आत्मविश्वास पैदा करेंगे और वे हीनता से मुक्त होंगे।

उत्तम स्वास्थ्य

1. **मां का दूध :** बच्चों को मां का दूध बहुत जरूरी है, जबकि वर्तमान में कई महिलाएं इससे बचना चाहती हैं। वास्तव में बच्चे के स्वास्थ्य पर इसका प्रतिकूल प्रभाव तो पड़ता ही है साथ ही उनमें कई बुरी आदतें भी आ जाती हैं। मां का पर्याप्त दूध न मिलने पर बच्चे को अंगूठा चूसने की आदत पड़ जाती है। ऊपरी दूध को पूर्ण आहार नहीं माना जा सकता। ऊपरी दूध से बच्चों में कई प्रकार के रोग भी हो जाते हैं। उनका स्वास्थ्य बिगड़ जाता है और वे शारीरिक और मानसिक रूप से बीमार हो जाते हैं। मां का दूध बच्चे में रोग प्रतिरोधक क्षमता को बढ़ाता है, इसलिए उसे इससे कभी वंचित नहीं करना चाहिए। कहा जाता है कि **स्वस्थ शरीर में ही स्वस्थ मस्तिष्क का निवास होता है।**

2. **रोग निरोधक टीके :** बच्चों को समय-समय पर रोग रोधक टीके लगवाने चाहिए। पोलियो की खुराकें पिलानी चाहिए। यदि बच्चों को इस प्रकार के टीके आदि नहीं लगवाए जाते तो बच्चे रोग ग्रस्त होकर मंद बुद्धि हो जाते हैं। पोलियो

के विरुद्ध छेड़े गए राष्ट्रीय अभियान के अच्छे परिणाम आने लगे हैं और अब पोलियो रोग के कारण विकलांगता में बहुत कमी आई है।

3. **घर का वातावरण :** बच्चा जिस घर में रहता है, जिनके साथ रहता है, उसका भी बच्चे के स्वास्थ्य पर बड़ा प्रभाव पड़ता है। यदि मां-बाप धूम्रपान करते हैं, शराब पीते हैं, तो बच्चे पर इसका अच्छा प्रभाव नहीं पड़ता। इसी प्रकार से अंधेरे, तंग गलियों और धूप न आने वाले मकानों में रहने वाले बच्चे भी मंद बुद्धि के हो जाते हैं। उन पर अपने माता-पिता की आदतों का आतंक हमेशा बना रहता है। झुग्गी-झोंपड़ियों में रहने वाले, नदी-तालाब, पोखरों का पानी पीने वाले बच्चे अनेक प्रकार की बीमारियों से ग्रसित हो जाते हैं।

गंदी आदतें

1. **अंगूठा चूसना :** बाल्य अवस्था में मां का दूध न मिलना अथवा अपर्याप्त रूप में मिलना, मां का दूध जल्दी छोड़ देना अथवा छुड़ा देना, असुरक्षा की भावना, भय आदि के कारण बच्चा अंगूठा चूसने लगता है। कई बच्चे तो दस-बारह वर्ष की अवस्था आ जाने के बाद भी मौका मिलते ही अंगूठा चूस लेते हैं।

   इस आदत को जबर्दस्ती न छुड़ाएं, न ही उसे डराएं-धमकाएं। उसे समझा-बुझाकर ही इस आदत से मुक्त कराया जा सकता है। धैर्य के साथ रात में सोते समय उसका अंगूठा मुंह से निकाल दें, दिन में उसे हतोत्साहित करें।

2. **मुंह से नाखून काटना :** मनोवैज्ञानिक इसे नाड़ी का रोग मानते हैं, जो एक प्रकार से क्रोध का परिचायक है, ईर्ष्या आदि के कारण भी कुछ बच्चे मुंह से नाखून काटते हैं। लड़कियां भी इस रोग का शिकार शीघ्र हो जाती हैं।

   बच्चे के नाखून साफ और बहुत छोटे-छोटे रखें ताकि उन्हें काटने का अवसर ही न मिले। नाखून काटने वाले बच्चे को कभी अकेला न छोड़ें। विश्वास में लेकर स्नेहासिक्त होकर बच्चे को समझाएं कि यह गंदी आदत है, इसे छोड़ दे। उसे उसके ऐसे मित्रों का उदाहरण दें जो नाखून न काटते हों। बच्चों का साथ पाकर बहुत से बच्चे इस प्रकार की आदत को अपने आप ही छोड़ देते हैं।

3. **झूठ बोलना :** कुछ बच्चे तो बिना किसी विशेष कारण के ही झूठ बोलते हैं। उन्हें झूठ बोलने में जहां आत्मिक संतुष्टि मिलती है, वहीं भयवश भी झूठ बोलते हैं। वह अपनी बात को महत्त्व देने के लिए झूठ बोलता है। साथी लड़कों पर प्रभाव जमाने के लिए वह झूठ बोलता है। अपनी बात को महत्त्व देने, प्रभावशाली, अनोखी और चमत्कार पूर्ण बनाने के लिए उसे रंग देने के

लिए झूठ बोलता है। बच्चों में अनुकरण करने की आदत होती है, जब वह यह देखता है कि उसके माता-पिता बड़े भाई-बहन यहां तक कि शिक्षक भी कभी-कभी झूठ बोलते हैं, तो वह भी झूठ बोलने लगता है।

अपने किसी दोष अथवा गलती को छिपाने के लिए बच्चे झूठ बोलते हैं। बच्चा जब स्कूल का होमवर्क करके नहीं लाता तो झूठ बोलकर वह प्रताड़ित अथवा अपमानित होने से बच जाता है और इस प्रकार से वह झूठ के सहारे अपनी गलतियों को छिपाने का आदी हो जाता है।

कुछ बच्चे अपनी मां को मुहल्ले की खबर लाकर देते हैं, वे यह जानते हैं कि मां को किस प्रकार की खबरों से संतुष्टि होती है, वे वैसी ही खबरें, बातें ला-ला कर सुनाते हैं, फलतः उन्हें झूठ बोलने की आदत पड़ जाती है।

बच्चों को झूठ बोलने से रोकने के लिए सबसे पहले शिक्षक और अभिभावक बच्चों के सामने असत्य भाषण न करें। उनकी करनी और कथनी में भी अंतर नहीं होना चाहिए। बच्चों को उपदेशात्मक बातें कम से कम कहें, इन उपदेशों को अपने आचरण में ढालें, इसका बच्चों पर अच्छा प्रभाव पड़ेगा। उनकी गलतियों, दोषों, कमियों को सुधारा जाए, उन्हें अपमानित अथवा प्रताड़ित न किया जाए। स्कूल का गृहकार्य करने के लिए स्वयं प्रेरित करें और अभिभावक देख लें कि उन्होंने स्कूल का काम ठीक-ठाक किया अथवा नहीं, ताकि उसे झूठ बोलने का मौका ही न मिले।

बच्चे की कल्पनाएं रंगीन होती हैं। वह अपनी बात को बढ़ा-चढ़ाकर कहना चाहता है, उसे अभिव्यक्ति के पर्याप्त अवसर दिए जाएं ताकि वह अपनी इस इच्छा की पूर्ति कर सके।

अभिभावक उन कारणों का पता अपने स्तर पर लगाएं कि बच्चा झूठ क्यों बोल रहा है, इस स्थिति को दूर करने में अभिभावक सहायक बनें।

अच्छी आदतें

1. **गृहकार्य (होमवर्क) करना :** बच्चा जब स्कूल में दिए हुए गृहकार्य को कर के लाता है तो इससे उसकी पढ़ाई की निरंतरता बनी रहती है। अन्य बच्चों के समक्ष हौंसला बना रहता है, अपमानित नहीं होना पड़ता है। अपने अध्यापकों से आगे बढ़ते रहने की प्रेरणा प्राप्त होती रहती है। कुछ बच्चे पढ़ाई में ज्यादा ध्यान नहीं देते हैं वे गृहकार्य भी पूरा नहीं कर पाते हैं तब उन्हें अपमान का सामना करना पड़ता है। अभिभावक ऐसे बच्चों पर विशेष ध्यान दें, कुछ बच्चों का सुंदर लेखन कार्य नहीं होता अतः लिखने में कम रुचि लेते हैं, ऐसे बच्चों को बराबर लिखने के प्रति प्रोत्साहित करते रहना चाहिए।

2. **आज्ञाकारी होना :** कुछ बच्चे अभिभावकों की आज्ञाओं का पालन ढंग से करते हैं और अभिभावकों का मान-सम्मान भी करते हैं। अभिभावकों की अच्छी बात भी उन्हें उलटी नहीं लगती है।

ऐसे बच्चों के व्यक्तित्व का सम्मान करें और अपनी दी हुई आज्ञाओं का मूल्यांकन करें। बच्चों को उनकी रुचि के प्रतिकूल कोई कार्य करने के लिए न कहें। उनकी योग्यता, क्षमता और प्रतिभा का मूल्यांकन करें। यदि बच्चा आपकी आज्ञाओं का पालन न करे तो जानने का प्रयास करें कि बच्चा आपकी आज्ञाओं का पालन क्यों नहीं करता। यदि वह भय अथवा अन्य किसी कारण से आज्ञा नहीं मानता तो कारण जानें।

बच्चों में ऐसी बुरी आदतें भी पाई जाती हैं, जो बहुत कम बच्चों में होती हैं; जैसे– हकलाना, घबराना, नकारात्मक सोच, किसी अंग विशेष को हिलाते रहना, हस्तमैथुन, समलैंगिक मैथुन आदि। इस प्रकार की गंदी आदतों को अभिभावकों द्वारा ली गई रुचि से बच्चों को बचाया जा सकता है और उन्हें इन आदतों के दुष्परिणामों और प्रभावों से बचाया जा सकता है।

बच्चों में सामंजस्य स्थापित करने की सोच विकसित करनी चाहिए ताकि वे अपनी इन सब आदतों से मुक्ति पाने के लिए विषम परिस्थितियों से सामंजस्य स्थापित कर इन आदतों से मुक्त हो सकें।

8

प्रतिभा और संवेग

> *संवेग एक ऐसी प्रक्रिया है जिसका अनुभव होते ही बालक क्रिया करने लगता है। वास्तव में ये संवेग ही बच्चों को प्रसन्न, उत्तेजित और आवेशित करते हैं। उनमें क्रोध, हर्ष, प्रसन्नता पैदा करते हैं। इनका प्रभाव उनकी प्रतिभा शक्ति पर पड़ता है। वह परिवार के सदस्यों के प्रति आसक्त होकर उनसे प्रेम करता है। परिपक्वता पाकर ये संवेग ही बच्चों को परिवार के प्रति समर्पित होने की प्रेरणा देते हैं।*

संवेग बच्चों के शरीर की वह जटिल अवस्था है, जिसका प्रभाव उसके मनोभावों, नाड़ियों, ग्रंथियों पर उत्तेजना अवरोध आदि के रूप में पड़ता है, प्रदर्शित होता है। सारी मांसपेशियां इनसे प्रभावित होती हैं। प्रतिक्रिया स्वरूप वह उसी प्रकार का व्यवहार करने लगता है।

बच्चों के साथ ही नहीं बड़ी उम्र के व्यक्ति भी इन संवेगों से अछूते नहीं रहते, इसलिए व्यक्ति के जीवन में इन संवेगों का बड़ा महत्त्व है। बच्चे की अधिकांश क्रियाएं इन्हीं संवेगों पर आधारित होती हैं। बच्चे के संवेगात्मक व्यवहार ही उसकी प्रतिभा और व्यक्तित्व को प्रभावित करते हैं, इसलिए शिक्षकों व अभिभावकों को इन संवेगों की पूरी-पूरी जानकारी होनी चाहिए। संवेगों की सरल व्याख्या करने के लिए इसकी शाब्दिक व्याख्या करना उचित होगा। संवेग अंग्रेजी शब्द Emotion (इमोशन) से बना है, जो लैटिन भाषा के Emovior (इमोवियर) का ही रूप है, जिसका सीधा-सरल अर्थ होता है हिलाना, उत्तेजित करना, तरंगित करना। झील के शांत जल में यदि छोटे से कंकड़ को भी फेंक दें तो सारी की सारी जलराशि बहुत दूर-दूर तक उत्तेजित हो जाएगी, तरंगित हो जाएगी। बस ऐसी ही स्थिति बच्चे के इन संवेगों के कारण होती है। जिस प्रकार से भय के कारण बच्चा कांपने

लगता है, भूखा होने पर रोने लगता है, असुरक्षित होने पर व्याकुल होकर बेहाल हो जाता है, उसी प्रकार से इन संवेगों से प्रभावित होकर वह इस प्रकार की क्रियाएं करने लगता है। हमारे चेहरे के भाव बदल जाते हैं, रंग बदल जाता है, अभिव्यक्ति बदल जाती है, इसलिए संवेगों को परिभाषित करना कठिन है। संवेगों को शरीर की उत्तेजित अवस्था के रूप में प्रकट किया जा सकता है। संवेगों के संबंध में कहा जाता है कि संवेगों की अनुभूति के होते ही शारीरिक परिवर्तन होने लगते हैं। ये परिवर्तन इतने स्वाभाविक होते हैं कि संवेगों के हटने के साथ ही अपनी मूल अवस्था में आ जाते हैं।

मनोवैज्ञानिकों ने इन संवेगों की संख्या अपने-अपने मत के अनुसार की है, लेकिन यहां प्रतिभा विकास के परिप्रेक्ष्य में हम केवल कुछ संवेगों का ही अध्ययन करेंगे। वे हैं : भय, क्रोध, ईर्ष्या, प्रेम, आनंद और सुखानुभूति।

यद्यपि इसके अतिरिक्त वात्सल्य, घृणा, करुणा, दुख, आश्चर्य, हीनता, एकाकीपन, कामुकता, भूख, अधिकार भावना, सृष्टि करना आदि को भी संवेगों की श्रेणी में रखा जाता है, लेकिन प्रतिभा से संबंधित ये उतने महत्त्वपूर्ण नहीं हैं।

भय

बच्चों में भय पनपने के अनेक कारण होते हैं। वास्तव में भय का संबंध बच्चे की आयु, समझ, विवेक आदि से होता है। दो वर्ष का बच्चा सांप को पकड़ लेता है, जलती आग में हाथ डाल देता है। बच्चा अंधेरे से भयभीत होता है। डॉक्टर की सुई देखकर भय खाता है। अनिष्ट की कल्पना से भयभीत होता है। भूत-प्रेतों से भयभीत होता है। कल्पना का हौवा उसे भयभीत करता है। भय पैदा करने वाली वस्तुओं से भय खाता है। जैसे बादलों का गर्जना, बिजली की चमक, विकरालता आदि के कारण भय होता है। छोटे और किशोर बच्चों को भय से मुक्त करने के लिए उसे कभी भी अकेलेपन का एहसास नहीं होना चाहिए। अकेले में वह अपने आपको असुरक्षित अनुभव करता है।

छोटे बच्चों में भय का संवेग अंधकार के कारण पैदा होता है। स्वाभाविक भी है कि अंधकार में विपत्ति की आशंका बढ़ जाती है। इसलिए बच्चा अंधकार में जाने से घबराता है। अंधकार में भूत-प्रेत की कल्पना, चोर के होने की आशंका उसे और भी डराती है।

भय का कारण पशुओं से असुरक्षा, आत्मविश्वास की कमी आदि होता है, इसलिए बच्चों को ऐसी बातों से बचाना चाहिए।

अभिभावकों को चाहिए कि वे जब भी बाजार, पार्टी, सिनेमा, किसी समारोह अथवा अन्य कारणों से बच्चों को घर में अकेला छोड़ें तो उनमें असुरक्षा की भावना न पनपे। ऐसा कर आप तो चिंता पालते ही हैं, बच्चे भी भय के संवेगों से प्रभावित हुए बिना नहीं रहते।

पड़ोस की एक कामकाजी महिला जब काम पर जाती है तो वह अपने पांच वर्षीय बच्चे को कमरे में बंद करके काम पर जाती है। कमरे के बाहर ताला लगाकर जाती है। बातचीत के दौरान उसने एक दिन बताया कि ऐसा कर वह बेफिक्र हो जाती है। जबकि एक अन्य महिला बोली, ''मैं तो बच्चों को खिला-पिलाकर बाहर खेलने के लिए भेज देती हूं, इससे बच्चों को खेलने के लिए पर्याप्त समय मिल जाता है और वे अकेले घर में शैतानी भी नहीं कर पाते.. ।''

वास्तव में दोनों ही स्थितियां बच्चों को भयभीत बनाती हैं और बच्चे संवेगों से प्रभावित हुए बिना नहीं रहते। जब भी आप बच्चों को अकेला छोड़ें, तो उनकी मनोवैज्ञानिक और शारीरिक आवश्यकताओं का ध्यान रखें।

जब भी आप बच्चों को अकेला छोड़ें तो उन्हें पूर्ण सुरक्षा का आश्वासन देकर संतुष्ट करें। आपकी अनुपस्थिति में बच्चे अपने आपको अकेला, हीन और असुरक्षित अनुभव न करें। इसके लिए आप पड़ोसी, नौकर अथवा अन्य किसी शुभचिंतक से अवश्य कह कर जाएं। यदि आप चार घंटे के लिए बाहर जा रहे हैं अथवा काम पर जा रहे हैं, तो बच्चे के दूध, नाश्ते आदि का उचित प्रबंध करके जाएं। अपने इस प्रबंध की जानकारी बच्चों को भी दें। इस बीच यदि बच्चे खेलना चाहें, पढ़ना चाहें अथवा सोना चाहें तो ऐसी व्यवस्था कर के जाएं। बच्चों को कमरे में बंद करके बाहर से ताला लगाकर जाना उचित व्यवहार नहीं। इससे जहां बच्चे अपने आपको कैदी अनुभव करते हैं, वहीं उनमें हीनता और कुंठा पैदा होने लगती है। उनका व्यक्तित्व और प्रतिभा अनेक प्रकार से कुंठित होती है, उनमें भीरुता आ जाएगी, आत्मविश्वास की कमी होने लगेगी और धीरे-धीरे बच्चे में उत्साह, उमंग और सृजन के सारे स्रोत सूखने लगेंगे।

बच्चों में आत्मविश्वास जाग्रत करें ताकि वे कठिन और विषम परिस्थितियों में साहस के साथ परिस्थितियों का सामना कर सकें, उनसे सम्मानजनक समझौता कर सकें। जब भी आप बाहर जाएं तो बच्चों को समझा कर जाएं, उन्हें साथ क्यों नहीं ले जा रहे अथवा रही? बच्चों को बहाने बनाकर झूठ बोलकर कभी न जाएं, यह घातक सिद्ध हो सकता है। मैं डॉक्टर के पास सुई लगवाने जा रही हूं, कहकर आप नहीं समझते कि इसका बच्चे के कोमल मस्तिष्क पर क्या प्रभाव पड़ता है। झूठ बोलकर

जब आप बच्चों से कुछ छिपाना चाहते हैं, तो बच्चे सच को सामने पाकर आप पर विश्वास करना छोड़ देंगे। इस प्रकार उनमें अन्य मनोवैज्ञानिक दोष जैसे उद्दंडता, अनुशासनहीनता, झूठ बोलना आदि आ जाएगा। बच्चों का मस्तिष्क बड़ा क्रियाशील होता है। उनमें तर्कशक्ति बड़ी विलक्षण होती है। बच्चों से वास्तविकता को छिपाना कठिन होता है, इसलिए आप बच्चों को विश्वास में लेकर उन्हें पूरी बात बताएं और उसके सहयोग की अपेक्षा करें। इस प्रकार का लिया गया सहयोग बच्चे को परिवार का उपयोगी घटक बनाएगा और वह घर में अकेला रहकर भी प्रसन्न होगा।

आप जब भी बच्चों को अकेला घर में छोड़ें, तो उनके लिए कुछ न कुछ काम करने के लिए अवश्य कह जाएं। ये कार्य सरल, उनकी रुचि के अनुसार और उपयोगी होने चाहिए कि इन्हें करने में उन्हें मानसिक संतुष्टि मिले व आनंद और प्रसन्नता का अनुभव हो। बागवानी, पौधों को पानी देना, लेखन, गृह सज्जा, सफाई, आदि ऐसे कार्य हैं जिनमें आप बच्चों को व्यस्त कर सकते हैं। यदि आप बच्चों को व्यस्त किए बिना उन्हें अकेला घर में छोड़ते हैं तो खाली दिमाग शैतान का घर होता है, वे इस समय में अवश्य ही ऐसे काम करेंगे जो रचनात्मक न होकर ध्वंसात्मक होंगे। ऐसे में बच्चे आपस में लड़ेंगे, तोड़-फोड़ करेंगे। यहां तक कि जिज्ञासावश वे अच्छी-भली वस्तुओं को भी बिगाड़ देंगे। उद्देश्य यह है कि बच्चा इस समय में बोर न हो और न ही उसमें खीझ, ऊब और अरुचि पैदा हो।

क्रोध

अन्याय के प्रति प्रतिरोध की चेष्टा, थक जाने के बाद भी कार्य के लिए कहना, शारीरिक क्षमता अथवा योग्यता न होते हुए बच्चों को किसी काम के लिए कहना, उनकी रुचियों के प्रतिकूल आज्ञाएं देना, किसी लक्ष्य के प्रति बाधा पैदा होना अथवा असफलता प्राप्त होना आदि ऐसे व्यवहार हैं जिससे बच्चों में क्रोध का संवेग पैदा होता है।

छोटे बच्चे अपने इस संवेग को कई रूपों में प्रकट करते हैं। कुछ चिल्लाकर, कुछ सिर पीट कर, कुछ दांत पीसकर, यहां तक कि कुछ धरती पर लेटकर अपना मचलना प्रकट करते हैं और वे तब तक कोई समझौता नहीं करते जब तक उनकी इच्छा की पूर्ति नहीं हो जाती। क्रोध और विवेक एक-दूसरे के प्रतिद्वन्द्वी होते हैं। क्रोध में हमेशा हानि बच्चों की होती है। सामाजिक जीवन में भी हम यह देखते हैं कि क्रोध के कारण व्यक्ति को हानि ही उठानी पड़ती है।

बच्चों का क्रोध अपने से छोटों पर प्रकट होता है, इसलिए बड़ा बच्चा छोटे बच्चे को मार देता है। बच्चों के इस संवेग को हतोत्साहित करने के लिए उसके कामों

में बाधा न डालें। उनकी मनोवैज्ञानिक और शारीरिक आवश्यकताओं का समुचित ध्यान रखें। बच्चों को बिना कारण के दण्ड न दें। इससे वे परिवार और आपके प्रति विद्रोही बन जाते हैं और घर से पलायन कर जाते हैं। शारीरिक और प्रतिभा संबंधी योग्यताओं का मूल्यांकन कर के ही उसे काम करने के लिए दें। उसकी इच्छा और भावना की उपेक्षा न करें। उसे व्यस्त रखें।

बच्चे जब क्रोधित हो रहे हों तो उन परिस्थितियों को दूर कर दें, जिससे बच्चा क्रोधित हो रहा है। उस स्थान से भी बच्चे को दूर कर दें। उसका ध्यान बांटने में सहयोगी बनें। बच्चे को यह बात निश्चित तौर पर बता दें कि क्रोध का परिणाम हमेशा घातक होता है।

अस्वस्थ, कमजोर और थके हुए भूखे-प्यासे को क्रोध अधिक आता है, इसलिए बच्चों के साथ ऐसी परिस्थिति निर्मित न होने दें। यदि ऐसी परिस्थिति निर्मित हो गई है, तो अपने प्रयासों से इसमें संतुलन स्थापित करें। उसमें खुश रहने, प्रसन्न रहने की सोच विकसित करें। बच्चा जब सामान्य अवस्था में हो तो उसे विश्वास में लेकर क्रोध के समय उसके किए अनुचित व्यवहार अथवा हरकत की बात उससे अवश्य कहें, ताकि उसे अपने किए पर पश्चाताप हो और वह भविष्य में ऐसा व्यवहार न करने के लिए तौबा करे।

क्रोध का दमन नहीं किया जा सकता, लेकिन इसका रुख मोड़ा जा सकता है। अतः बच्चों के व्यक्तित्व और प्रतिभा पर भारी इस संवेग का मनोवैज्ञानिक तरीकों से शमन करना चाहिए।

ईर्ष्या

बच्चों में पाया जाने वाला यह दूसरा मुख्य संवेग है, जो क्रोध का ही दूसरा रूप है। जब बच्चों की आशाओं के प्रतिकूल उसे व्यवहार मिलता है, तो वह उन लोगों से ईर्ष्या करने लगता है, जिनके कारण उसे यथेष्ठ मान-सम्मान अथवा प्रतिष्ठा प्राप्त नहीं होती। कई बार कक्षा में कुछ बच्चों के साथ कुछ खास किस्म का व्यवहार होता है, दूसरे बच्चे इस भेदभाव को सहन नहीं कर पाते और वे उनके प्रति ईर्ष्या करने लगते हैं। ईर्ष्या के विभिन्न कारण हो सकते हैं, लेकिन मुख्य रूप से ईर्ष्या का कारण अपने आपको श्रेष्ठ, दूसरों से भिन्न, विशिष्ट समझना ही है। बच्चों में ईर्ष्या का कारण यह भी होता है कि उन्हें भय रहता है कि वे कहीं अपने अभिभावकों के स्नेह से वंचित न रह जाएं। जब भी परिवार में कोई नया बच्चा जन्म लेता है, तो बच्चे में शीघ्र ही यह भावना घर करने लगती है कि अब उसके अभिभावक उसे कुछ कम महत्त्व देंगे। यह भय जब वास्तविकता और सच्चाई के रूप में सामने

आने लगता है, तो बच्चा अपनी नई बहन अथवा भाई से ईर्ष्या करने लगता है। उसके सम्मान और अहम को चोट लगती है। इस प्रकार से ईर्ष्या का संबंध परिचय क्षेत्र के अन्य लोगों से होता है। यह संवेग बच्चे-बच्चियों में समान रूप से पाया जाता है। बच्चा अपने भाई या बहन के प्रति द्वेष भाव रखने लगता है। वह उसकी चुगली कर प्रसन्न होता है। ईर्ष्या के बढ़ जाने पर बच्चों में हिंसक भाव आ जाता है और उनमें बदला लेने की भावना आ जाती है।

ईर्ष्या से बच्चों को बचाने के लिए जरूरी है कि बच्चों को पूरा-पूरा स्नेह, संरक्षण और विश्वास दिया जाए। बच्चों की योग्यता, प्रतिभा को पूरा-पूरा सम्मान दिया जाए और उसकी समय-समय पर प्रशंसा की जाए। परिवार में सभी सदस्यों के साथ समान आदर का व्यवहार किया जाए। बच्चों की हर इच्छा पूरी न की जाए और उन्हें अभाव में रहने की आदत डाली जाए। बच्चों का जेब खर्च दूसरे बच्चों पर खर्च न किया जाए। इसी प्रकार से एक बच्चे की किताबें, कपड़े, वस्तुएं, खिलौने आदि दूसरों को उपयोग करने के लिए न दिए जाएं। उन्हें किसी बात के लिए चिढ़ाया न जाए और न ही दूसरों के साथ उनकी तुलना की जाए।

प्रेम

प्रत्येक व्यक्ति अपने जीवन में अनेक अवस्थाओं से गुजरता है। जब व्यक्ति किसी से प्रेम करता है या अपने को किसी के प्रति आसक्त अनुभव करता है तो उसमें उसे आनंद की अनुभूति होती है।

प्रेम जीवन को रसमय बनाता है। मानव जीवन के सभी सुखों में प्रेम सबसे उत्तम और श्रेष्ठ है। शैशव काल से ही बच्चा प्रेम का प्रदर्शन करता है। इस अवस्था में वह अपनों से प्रेम करता है, लेकिन बड़ा होने पर यही प्रेम का संवेग उसे दूसरों से प्रेम करने के लिए प्रेरित करता है। घर के बाहर ही इस संवेग की वृद्धि होती है। प्रेमवश ही बच्चा अपने स्नेह पात्र को चूमता है, पुचकारता है, उसके पास बैठता है, उसे देखता है। अपने से बड़ों के प्रति वह अपने स्नेह को उसका मान-सम्मान कर प्रकट करता है।

इस संवेग को गंभीरता से लेना चाहिए और बच्चों की इस प्रवृत्ति को उचित संरक्षण देना चाहिए। उसे देश प्रेम, प्रकृति प्रेम, ईश्वर प्रेम जैसी भावनाओं से परिचित कराना चाहिए। प्रेम के माध्यम से जीवन के प्रति सकारात्मक भाव विकसित करना चाहिए, उनमें सभी अच्छी आदतों के विकास के लिए प्रयत्न करने चाहिए। प्रेम के माध्यम से सृजनात्मक वृत्तियों को मौलिक दिशा देने के लिए बच्चों को उत्साहित करना चाहिए।

उम्र के साथ-साथ किशोरों में विपरीत सेक्स के प्रति आकर्षण पैदा होता है, यह आकर्षण ही दैहिक प्रेम के रूप में प्रदर्शित होने लगता है। ऐसे व्यवहारों के प्रति बच्चों को सावधान रहने के लिए सतर्क करना चाहिए, ताकि वे उम्र के आकर्षण और प्रेम भावना में अंतर कर सकें।

आनंद और सुख

प्रत्येक व्यक्ति सदा आनंदित और सुखी रहना चाहता है। सुख और आनंद संवेग की अभिव्यक्ति हंस कर, मुस्करा कर होती है। बच्चा जब कोई भौतिक वस्तु प्राप्त कर लेता है और जीवन के किसी क्षेत्र में सफलता प्राप्त कर लेता है, तो उसे खुशी और आनंद की अनुभूति होती है। बच्चों को सदैव प्रसन्न और आनंद की अनुभूति से परिचय कराते रहना चाहिए। बचपन से ही उसे खुश रहने और प्रसन्न रहने के लिए प्रेरित करें। उसे तरह-तरह के चुटकुले, कहानियां आदि सुनाकर आनंद की अनुभूति कराते रहना चाहिए।

चूंकि ये संवेग बच्चों की प्रतिभा विकास में सहायक सिद्ध होते हैं और इनका उसके वर्तमान और भविष्य पर गहरा प्रभाव पड़ता है, इसलिए इनकी विशेषताओं से भी परिचित होना चाहिए।

1. संवेगों का प्रभाव क्षणिक होता है। आयु वृद्धि के साथ उनमें स्थायित्व आता है।
2. बच्चों के संवेगों में उग्रता पाई जाती है। बाद में उम्र के साथ-साथ यह उग्रता कम होने लगती है।
3. *शारीरिक अभिव्यक्तियां :* संवेग शारीरिक क्रियाओं से व्यक्त होते हैं। हाथ-पैर मारना, रोना-चिल्लाना आदि।
4. *परिवर्तनशीलता :* बच्चा कभी रोता है तो शीघ्र ही हंसने लगता है।
5. *व्यवहारजन्य लक्षण :* कुछ संवेगों के लक्षण उनका व्यवहार ही है, जैसे— अंगूठा चूसना, नाखून काटना, दिवास्वप्न देखना।
6. *व्यक्तिगत भिन्नता :* क्रोध में आकर कुछ बच्चे चीखते-चिल्लाते हैं, कुछ रूठ जाते हैं, कुछ मुंह छिपाकर लेट जाते हैं।
7. संवेग थोड़ी-थोड़ी देर बाद भी प्रकट होते हैं। कुछ देर तक कोई बात भूल जाने के बाद पुनः वह बात याद आने पर बच्चा उस प्रकार का व्यवहार करने लगता है।

8. संवेगों को छिपाया नहीं जा सकता, वे किसी न किसी रूप में प्रकट हो ही जाते हैं। क्रोध अगर मन से व्यक्त नहीं होगा तो वह आंखों से भी प्रकट हो जाएगा।

बच्चों की प्रतिभा विकास पर संवेगों का जो मनोवैज्ञानिक प्रभाव पड़ता है, वह उसके पूर्ण परिपक्व हो जाने के बाद भी किसी न किसी रूप में प्रकट होता है, इसलिए अभिभावक इस बात से पूर्ण संतुष्ट हो लें कि बच्चों के संवेगों को शमनकारी प्रभाव से दिशा दी जाए, उनका दमन न किया जाए।

9

जवाब दें बच्चे की 'क्यों' का

> *बच्चा यदि कोई भी प्रश्न करे तो उसे उदाहरण देकर समझाएं। आवश्यकता पड़ने पर उसे करके दिखाएं। कई बार बच्चे ऐसा प्रश्न करते हैं, जो बड़े अटपटे होते हैं। ऐसे प्रश्नों का जवाब देने के लिए माता-पिता को विशेष रूप से तत्पर रहना चाहिए। क्योंकि यदि बच्चा ऐसे प्रश्नों का जवाब नहीं पाएगा तो उसका मन अशांत रहेगा। मन के अशांत रहने पर बच्चे का वह विकास नहीं हो सकता है जो होना चाहिए। अतः बच्चे के किसी भी प्रश्न को अनसुना न करें।*

बच्चा जब इस पृथ्वी पर आता है तभी से उसके मन में ढेर सारी बातें आने लगती हैं। वह ठीक से बोल भी नहीं पाता है, तब भी तोतली भाषा में कुछ न कुछ प्रश्न अपनी मां से पूछता रहता है। कई बार माताएं अपने बच्चों की 'क्यों' और 'कैसे' अर्थात् उसके द्वारा पूछे गए सवालों का जवाब नहीं देतीं। वह बच्चे के सवालों को अनसुना कर देती हैं तथा अपने कामों में व्यस्त हो जाती हैं। मनोवैज्ञानिकों के अनुसार बच्चे की 'क्यों' में ही उसकी जिज्ञासाएं निहित रहती हैं, इसलिए उसकी जिज्ञासा शांत करने के लिए मां को उसकी क्यों का जवाब जरूर देना चाहिए। बच्चे जैसे-जैसे बड़े होने लगते हैं, वैसे-वैसे उनके प्रश्नों की संख्या भी बढ़ती जाती है। मां यदि यह सोचे कि बच्चा बड़ा होने पर अपने आप इन प्रश्नों का समाधान कर लेगा, तो यह उसकी बहुत बड़ी गलती है। बच्चे के प्रश्नों का समाधान नहीं होने पर बच्चा कुंठित और अंतर्मुखी हो सकता है तथा इस कुंठा से उसका पूरा व्यक्तित्व प्रभावित हो सकता है।

आज की आपाधापी की जिंदगी में कई बार अभिभावकों के पास समय नहीं होता। माता और पिता दोनों नौकरी करते हैं। वे सुबह जल्दी उठकर काम पर चले जाते

हैं और शाम को घर लौटने पर थके होने के कारण बच्चे पर उतना ध्यान नहीं दे पाते हैं, जितना उन्हें देना चाहिए। ऐसी स्थितियों में बच्चे के मन के प्रश्न मन में ही रह जाते हैं और बच्चा वह जानकारी नहीं प्राप्त कर पाता है, जिसे वह पाना चाहता है।

आज के भौतिकतावादी और आपाधापी के युग में माता-पिता और परिवार के अन्य सदस्य विलासिता की चीजें जल्दी से जल्दी जुटा लेना चाहते हैं। वे यह सोचते हैं कि ये चीजें ही हमारे बच्चे के काम आएंगी। उनका ऐसा सोचना गलत है, क्योंकि ऐसी चीजों से भौतिक सुख की प्राप्ति तो हो सकती है, लेकिन आंतरिक सुख की नहीं। बच्चे पर परिवार में होने वाली सभी क्रियाओं का प्रभाव पड़ता है। बच्चे की प्रतिभा का विकास तभी हो सकता है, जब उसके आस-पास का माहौल स्वस्थ, सुंदर और आत्मिक विकास करने वाला हो। भौतिकता की चकाचौंध में बच्चा वह सुख प्राप्त नहीं कर सकता, जिसकी उसे वास्तव में जरूरत होती है। बच्चे को अपने मन में उठने वाले हर प्रश्न का जवाब चाहिए।

आज स्कूलों का वातावरण भी बच्चे का पूर्ण रूप से विकास नहीं कर पा रहे हैं और न ही वे बच्चे के मन में उठने वाली प्रत्येक बात का जवाब दे पा रहे हैं। स्कूलों में एक निश्चित पाठ्यक्रम को पूरा करा दिया जाता है, लेकिन उन पाठ्यक्रमों के साथ-साथ बच्चा और भी बहुत कुछ जानना चाहता है। इसलिए यह आवश्यक है कि बच्चे के क्या, क्यों और कैसे का जवाब अध्यापकगण अवश्य दें, तभी उसके संपूर्ण व्यक्तित्व और प्रतिभा का विकास हो सकता है।

कुछ समय पहले तक संयुक्त परिवार का वातावरण बच्चे के प्रतिभा विकास में बहुत सहायक था, लेकिन आज के एकल परिवार ने बच्चे के संपूर्ण व्यक्तित्व को बहुत ज्यादा प्रभावित किया है। परिवार में सदस्यों की संख्या ज्यादा होने पर बच्चा कहीं न कहीं से अपने प्रश्नों का जवाब पा जाता था। बच्चे को अपने प्रश्नों का जवाब मिलने से उसकी मानसिक प्रक्रिया पर अच्छा असर पड़ता है। बच्चे को एक प्रश्न का जवाब मिल जाने पर वह दूसरी जिज्ञासा जताता है। इस प्रकार जहां उसका ज्ञानवर्धन होता है, वहीं उसका मानसिक विकास भी होता है।

बच्चा परिवार, स्कूल, पास-पड़ोस तथा अपने साथियों से बहुत कुछ सीखता है। इस सीखने की प्रक्रिया में वह जाने-अनजाने सही और गलत बहुत कुछ सीख जाता है। अतः माता-पिता को बच्चे की प्रतिभा विकास के लिए जरूरी है कि वह विकासात्मक अवस्था में यह जरूर देखें कि बच्चा क्या सीख रहा है, उसकी रुचि क्या है तथा वह किस ओर जाना चाहता है? उसके प्रश्नों को टालें नहीं तथा उचित

मार्गदर्शन करें। बच्चा यदि कोई भी प्रश्न करे तो उसे उदाहरण देकर समझाएं। आवश्यकता पड़ने पर उसे करके दिखाएं। कई बार बच्चे ऐसा प्रश्न करते हैं, जो बड़े अटपटे होते हैं। ऐसे प्रश्नों का जवाब देने के लिए माता-पिता को विशेष रूप से तत्पर रहना चाहिए। क्योंकि यदि बच्चा ऐसे प्रश्नों का जवाब नहीं पायेगा तो उसका मन अशांत रहेगा। मन के अशांत रहने पर बच्चे का वह विकास नहीं हो सकता जो होना चाहिए। अतः बच्चे के किसी भी प्रश्न को अनसुना न करें।

10

व्यवहार संबंधी समस्याएं

प्रत्येक आयु वर्ग के बच्चों की कुछ अपनी निजी समस्याएं होती हैं। ये समस्याएं ही व्यवहार संबंधी समस्याएं हैं। इन समस्याओं का हल बच्चों के पास नहीं है, वे अपनी इन समस्याओं के लिए पूरी तरह से अभिभावकों पर आश्रित रहते हैं। आप इनका समायोजन कर न केवल बच्चों को तनावमुक्त कराते हैं, बल्कि उनके व्यक्तित्व विकास में भी सहायक बनते हैं। बच्चे में व्यावहारिक ज्ञान का विकास होने से उसे आगे चलकर अपने भविष्य को उज्ज्वल बनाने में कोई कठिनाई नहीं होती।

प्रत्येक आयु के बच्चों की अपनी समस्याएं होती हैं, ये व्यवहार संबंधी समस्याएं उनके व्यक्तित्व विकास और प्रतिभा विकास को प्रभावित करती हैं। इन समस्याओं के कारण ही उनमें संवेगात्मक तनाव उत्पन्न होता है, जो उन्हें परिवार और साथी बच्चों के साथ सामंजस्य स्थापित करने के लिए प्रेरित और प्रोत्साहित करता है।

शैशवावस्था की समस्याएं

जन्म से लेकर 2 वर्ष तक का समय शैशव काल माना जाता है। मनोविज्ञान में प्रतिभा विकास की दृष्टि से इसका बड़ा महत्त्व है। इस अवस्था में बच्चे का बाहरी दुनिया से कोई संपर्क नहीं होता है, न ही उसे बाहरी लोगों से किसी प्रकार का समन्वय अथवा सामंजस्य बैठाना पड़ता है। शारीरिक और मानसिक स्तर पर यह बड़ा कठिन समय होता है, क्योंकि इस अवस्था में बड़े परिवर्तन होते हैं और बच्चे का विकास तीव्र गति से होता है। इस समय में परिवार के सभी सदस्य उससे बहुत प्रेम करते हैं। इस अवस्था में बच्चा अपना अधिकांश समय सो कर व्यतीत करता है, फिर भी उसकी अपनी कुछ व्यवहार संबंधी समस्याएं होती हैं :

1. निद्रा संबंधी
2. भोजन संबंधी
3. स्वच्छता से संबंधित
4. रोने की समस्या
5. चीखने-चिल्लाने की समस्या
6. बिस्तर गीला कर देने की समस्या
7. स्वास्थ्य संबंधी सावधानियां

यद्यपि उसकी सारी की सारी समस्याओं का केंद्र उसकी मां है। इसलिए मां और अभिभावकों को चाहिए कि वे अपने स्तर पर इन समस्याओं का समाधान करें और बच्चे को समय पर सुलाएं, समय पर उसके गीले वस्त्रों को बदलें ताकि उसे रोने, चीखने-चिल्लाने का समय ही न मिले और वह सुख की नींद सोकर अपना यह समय बड़ी सरलता से काटे। चूंकि इस अवस्था में बच्चों का भोजन उसकी मां का दूध ही होता है, इसलिए मां को चाहिए कि वह समय पर भोजन के रूप में बच्चे को दूध पिलाए और स्वयं भी पौष्टिक आहार ले ताकि भोजन की कमी बच्चे को न रहे।

प्रारंभिक बाल्यकाल अर्थात् 2 से 10-12 वर्ष तक का समय बाल्यकाल कहलाता है। इस आयु में बच्चे की जिज्ञासा वृत्ति होती है और वह अपना छोटा-मोटा कार्य स्वयं करने लगता है, उसे बाहरी सामाजिक वातावरण की भी जानकारी होने लगती है, इसलिए उसका शारीरिक और मानसिक विकास तीव्र गति से होता है। इस काल में संवेगों की तीव्रता पाई जाती है, फिर भी बच्चों में निम्न समस्याएं पनपने लगती हैं :

1. ईर्ष्या
2. बिस्तर गीला करना
3. तोड़-फोड़ की प्रवृत्ति
4. उद्दंडता
5. हीनता
6. चिड़चिड़ापन
7. जिद्दीपन
8. क्रोध और प्रतिशोध

बाल्यावस्था में इस प्रकार का व्यवहार स्वाभाविक होता है, इसलिए इसे असामान्य नहीं मानना चाहिए। वे इस अवस्था में जितना अधिक सामंजस्य कर लेते हैं, उनका भविष्य उतना ही सफल व्यतीत होता है।

उत्तर बाल्यकाल की समस्याएं

किशोरावस्था में आए बच्चों की यह अवस्था बड़ी रंगीन-कल्पनाशील और तरंगमयी होती है। इस अवस्था में आते-आते बच्चा आत्मनिर्भर हो जाता है। उसकी सोच में पर्याप्त परिपक्वता आ जाती है। इस अवस्था को कुछ लोग क्रांति की संज्ञा

भी देते हैं और बच्चों से समन्वय नहीं कर पाते। इस अवस्था के बच्चे अभिभावकों का कड़ा अनुशासन और नियंत्रण बिल्कुल पसंद नहीं करते। अभिभावक इसे जनरेशन गैप मानकर सामंजस्य बिठाने की बड़ी कोशिश करते हैं, फिर भी बच्चों से पटरी मेल नहीं खाती। इस अवस्था की प्रमुख समस्याएं निम्नलिखित हैं :

1. परिवार से समायोजन की समस्या
2. साथी मित्रों से सामंजस्य
3. विद्यालय के वातावरण से सामंजस्य
4. सामाजिक समायोजन
5. घर से भागना
6. विद्यालय से भागना
7. सामाजिक वर्जनाओं के प्रति उदासीनता
8. अनुशासनहीनता

इन सभी समस्याओं पर यदि व्यापक दृष्टि डालें तो एक ही बात निष्कर्ष रूप में निकलती है कि इस अवस्था में सबसे कठिन समस्या समायोजन अथवा तालमेल की है। वास्तव में इस अवस्था में बच्चा अपना वर्चस्व स्थापित करना चाहता है और चाहता है कि समाज और परिवार में उसका भी एक स्थान बने। इस इच्छा की पूर्ति के लिए वह सबका ध्यान अपनी ओर आकर्षित करना चाहता है। तोड़-फोड़कर, नारेबाजी कर, चीख-चिल्लाकर वह अपने समुदाय, कक्षा और साथियों का ध्यान अपनी ओर खींचता है। प्रतिभा प्रदर्शन की इच्छा को पूरा करने के लिए वह कुछ नई-नई कलाएं भी सीखता है।

उम्र के साथ उसमें समायोजन करने की क्षमता या इच्छाशक्ति भी बढ़ने लगती है और वह अपनी समस्याओं को स्वयं हल करने के लिए व्यावहारिक सोच अपनाने लगता है।

बच्चों के सामाजिक समायोजन के लिए उसे समाज से भी सहयोग मिलना चाहिए। समाज और परिवार को चाहिए कि वे उसे सामाजिक रीति-रिवाजों से परिचित कराएं, उसे समाज का अंग मानें। उसके सामाजिक कार्यों की प्रशंसा करें। उसकी प्रतिभा को प्रतिष्ठा दें ताकि वह समाज का उपयोगी घटक बन उसके प्रति समर्पित हो सके।

11

योग और बच्चों में प्रतिभा विकास

योग की ऐसी कई क्रियाएं हैं, जिसके अभ्यास के द्वारा बच्चों में भावात्मक स्थिरता तथा सृजनात्मक विकास होता है। योग के द्वारा बच्चों में आत्मविश्वास, आत्मनियंत्रण तथा स्वचेतना का अच्छा विकास संभव होता है।

योग एक ऐसी विधि है, जिसके द्वारा बच्चे का सर्वांगीण विकास होता है। योग के द्वारा बच्चे की भावात्मक और मानसिक द्वंद्व समाप्त कर उसकी बौद्धिक व शारीरिक कुशलता में वृद्धि होती है।

योग के द्वारा बच्चे के शरीर और मन का पूर्ण विकास होता है। इसके माध्यम से बच्चे के व्यक्तित्व का संतुलित ढंग से बहुमुखी विकास संभव हो सकता है। बच्चों में योगासनों के नियमित अभ्यास द्वारा शरीर के विभिन्न जोड़ तथा मांसपेशियां लचीले तथा सक्रिय बनते हैं।

योग की ऐसी कई क्रियाएं हैं, जिसके अभ्यास के द्वारा बच्चे में भावात्मक स्थिरता तथा सृजनात्मक विकास होता है। योग के द्वारा बच्चों में आत्मविश्वास, आत्मनियंत्रण तथा स्वचेतना का अच्छा विकास संभव होता है।

बच्चों में योगाभ्यास न केवल उनके शरीर को स्वस्थ और लचीला बनाता है, अपितु उनको अनुशासित और मानसिक रूप से सक्रिय भी बनाता है, जिससे बच्चे में ध्यान देने की क्षमता बढ़ती है तथा एकाग्रता एवं सृजनात्मकता का विकास होता है।

योगाभ्यास के द्वारा बच्चे में समुचित रक्त का संचार होता है, लचीलापन आता है तथा पूर्ण व्यक्तित्व का विकास होता है। बच्चे की संपूर्ण प्रतिभाओं का विकास होने पर ही उसके व्यक्तित्व का विकास हो सकता है।

कुछ बच्चे भावनात्मक रूप से अशांत, आक्रामक, तोड़-फोड़ करने वाले तथा अत्यंत उपद्रवी होते हैं, जो सहज ही योगाभ्यास से लाभान्वित होते देखे गए हैं। योग की बहुत-सी ऐसी विधियां हैं, जो बच्चों के लिए लाभप्रद हैं।

योग स्वयं में एक परिपूर्ण शिक्षण पद्धति है, जिसे सभी बच्चों को समान रूप से प्रदान किया जा सकता है। नियमित योगाभ्यास से बच्चों में शारीरिक क्षमता का विकास होता है, भावनात्मक स्थिरता आती है तथा बौद्धिक और रचनात्मक प्रतिभा विकसित होती है।

12

आर्थिक संपन्नता और जेब खर्च

> पैसा अनेक बुराइयों की जड़ है। इसीलिए अर्थशास्त्र में पैसे के बारे में कहा जाता है कि पैसा एक अच्छा सेवक है, लेकिन बहुत बुरा स्वामी भी। बच्चों के प्रतिभा विकास के क्रम में ऐसे विद्वानों की कमी नहीं, जो यह मानते हैं कि बच्चों को बिगाड़ने में पैसे का ही अधिक योगदान है। इसलिए बच्चों को आवश्यकता से अधिक पैसे नहीं देने चाहिए। ऐसे विचारकों की भी कमी नहीं, जो यह मानते हैं कि जेब खर्च से जहां बच्चों में आत्मविश्वास की भावना विकसित होती है, वहीं उनके व्यक्तित्व विकास में भी सहायक है। निर्णय आप करें।

"बस, बीस रुपए मां, और पैसे दो। तुम्हें पता है, आजकल दस रुपए का कोल्ड ड्रिंक्स मिलता है। दस रुपए की कैडबरी.. मैं पचास रुपए के बिना स्कूल नहीं जाऊंगा.."

"मां, राजू भैया ने आज फिर मेरी गुल्लक में से 50 रुपए ले लिए और वीडियो गेम खेल लिया.. अब निकालो पचास रुपए।"

आर्थिक रूप से संपन्न घरों में आजकल इस प्रकार की बातचीत देखने-सुनने को मिल जाती है। विशेषकर उन घरों में जो अपने आपको प्रगतिशील, आधुनिक और धनी समझते हैं। वास्तव में आजकल इन तथाकथित बड़े घरों के लड़के-लड़कियां तरह-तरह के बहाने बनाकर न केवल अभिभावकों से जेब खर्च के नाम पर बहुत-सा पैसा लेते हैं, बल्कि इस पैसे से वे दिन-भर मौज-मस्ती भी करते हैं। महानगरों में जहां इस प्रकार के लड़कों के तरह-तरह के केंद्र बने हुए हैं, वहीं उनके इस प्रकार के आचरण देखकर अभिभावक तो दुखी होते ही हैं, बच्चों का भविष्य भी खराब होता है। प्रगतिशीलता के नाम पर आजकल स्कूल-कॉलेजों में तरह-तरह

के पाठ्यक्रम हैं, कक्षाएं हैं, कोचिंग हैं, तो वहीं ऐसे ही बच्चों को समय बिताने के लिए कैंटीन, पार्क, सिनेमाघर आदि हैं। जहां बच्चे जेब खर्च के नाम से मिलने वाले पैसे को न केवल बेदर्दी से उड़ाते-खाते हैं, बल्कि अपने भविष्य को भी दांव पर लगाते हैं। इस प्रकार से मिलने वाला पैसा बच्चों के व्यक्तित्व पर तो भारी पड़ता ही है साथ ही उसकी प्रतिभा को भी कुंठित करता है। वह अपने भविष्य के प्रति निश्चेष्ट, निकम्मा और उत्साहहीन हो जाता है। उसमें स्वयं कमाने की ललक समाप्त हो जाती है।

जेब खर्च की वास्तविकता की इस अज्ञानता और अदूरदर्शिता के कारण बच्चों में पैसा खर्च करने की प्रवृत्ति बढ़ जाती है। संपन्न घरों की लड़कियों में पड़ी हुई यह आदत ही उन्हें फैशन और शापिंग का चस्का लगा देती है। दूसरी ओर इस प्रकार के पैसे के कारण बच्चे अति महत्त्वाकांक्षी हो जाते हैं और हमेशा कल्पना की उड़ान भरते रहते हैं। अतः दोनों ही स्थितियां बच्चों और अभिभावकों के लिए उचित नहीं हैं।

अभिभावकों की अदूरदर्शिता

बच्चों को इस प्रकार से जेब खर्च के लिए पैसा देना अभिभावकों की नासमझी है, जिसे वे अति लाड़ और संपन्नता के प्रदर्शन के प्रभाव में आकर देते हैं। वास्तव में बच्चों को इस प्रकार से मनमाना पैसा देना बिगाड़ने में सहयोग देना है। उन्हें पंगु बनाने जैसा है। क्योंकि किशोर बच्चे जेब खर्च के रूप में इतना पैसा पाकर अपने आपको दूसरों से कुछ अलग, बड़ा, विशिष्ट और वी.आई.पी. समझने लगते हैं। अहम का एक बनावटी खोल उनके मस्तिष्क पर चढ़ने लगता है। वह ऐसा आचरण करने लगता है जिससे वह अपनी कुछ अलग पहचान बनाए। इस पहचान के लिए वह दोस्तों पर खूब पैसा खर्च करता है और शेखीपूर्ण व्यवहार करता है, जिसकी अभिभावक कभी कल्पना भी नहीं कर सकते।

इसी जेब खर्च के कारण ही संपन्न घरों के लड़कों की करतूतें जब सिर से ऊपर होने लगती हैं तो अभिभावकों की आंखें खुलती हैं, लेकिन तब तक स्थिति बड़ी गंभीर बन चुकी होती है। धूम्रपान, पान-मसाले का शौक, जुआ, नशे की आदत, नशीली दवाओं (ड्रग्स) का सेवन आदि बच्चा सीख चुका होता है। अपनी इन आदतों के कारण वह अपराधी लोगों के संपर्क में आ चुका होता है। अपराधों की इन बंद गलियों में से निकलना असंभव नहीं, तो कठिन अवश्य हो जाता है।

वास्तव में स्कूल और कॉलेजों में पढ़ रहे धनी परिवारों के बच्चे मादक पदार्थों के सेवन की ओर आकृष्ट हो रहे हैं। दिल्ली और अन्य महानगरों में ऐसी कई सामाजिक

संस्थाएं हैं, जो कई बार सर्वेक्षण कर इस सत्य को जान चुकी हैं कि किशोर बच्चों में मादक पदार्थों के सेवन की प्रवृत्ति बढ़ रही है। लड़के-लड़कियां सब केवल पैसे की चमक और ग्लैमर भरी जिंदगी की चमक में आकर अपना वर्तमान और भविष्य दांव पर लगाए हुए हैं। समाज-शास्त्रियों का मत है कि इसके अन्य जो भी कारण हों, लेकिन प्रमुख कारण आर्थिक संपन्नता है। प्राचीन काल में बच्चों को परिवार और शहर से दूर रखकर आश्रम में पढ़ने-पढ़ाने की जो व्यवस्था थी, उसके पीछे एक सत्य यह भी था कि बच्चे अभावों में रहकर जीवन की कठोर वास्तविकताओं से परिचित हों। उनमें विषम परिस्थितियों में समन्वयकारी सोच पैदा हो, वे संघर्षशील बनें। जीव के प्रति उत्साही दृष्टिकोण अपनाएं।

आज हमारे परिवारों में विशेष कर संपन्न परिवारों में बच्चों को प्रारंभ से ही सभी प्रकार की सुख-सुविधाएं उपलब्ध कराई जाती हैं। सत्ता से जुड़े वर्ग, व्यापारी वर्ग में जिस प्रकार से संपन्नता बढ़ी है, भौतिक चमक का प्रभाव बढ़ा है, वहां जीवन के आदर्श ही बदल गए हैं। केवल इतना ही नहीं घर पर इन बच्चों को पानी पिलाने के लिए नौकर हैं। स्कूल छोड़ आने के लिए गाड़ी है, बस्ता उठाने के लिए नौकर हैं। खाने के लिए विविध प्रकार के व्यंजन हैं। संपन्न घरों के बच्चों को यह पता ही नहीं कि भूख क्या होती है। फास्ट फूड के चलन ने उन्हें रोटी से भी दूर कर दिया है। ऐसे बच्चे यह जानते ही नहीं कि पैसा कैसे कमाया जाता है, कठिन समय में कौन किसके काम आता है? संवेग क्या है और इन संवेगों के मनोवैज्ञानिक प्रभाव क्या हैं? जबकि बच्चों की प्रतिभा विकास और व्यक्तित्व विकास के लिए जरूरी है कि वे पैसे के महत्त्व को समझें। इस परिप्रेक्ष्य में अभिभावकों को चाहिए कि वे बच्चों को महत्त्वाकांक्षी बनाएं, लेकिन उन्हें हर प्रकार से साधन संपन्न न बनाएं, न ही लाड़ के वशीभूत होकर उनकी प्रत्येक फरमाइशें पूरी करें। यदि वे इस प्रकार से उनकी प्रत्येक इच्छा पूरी करने लगेंगे तो वे जिद्दी और ढीठ हो जाएंगे।

दैनिक जीवन में हम अपने सामाजिक परिवेश में देखते हैं कि जब अभिभावक अपनी संपन्नता का प्रदर्शन बच्चों के माध्यम से करते हैं, तो बच्चों के व्यक्तित्व में कई दोष आ जाते हैं। घर की प्रत्येक वस्तु से वह नाक-भौंह सिकोड़ने लगता है। बात-बात में नखरे करना, उपेक्षा करना उसकी आदत बन जाती है। यह अच्छा नहीं, वह अच्छा नहीं, मैं यह नहीं खाता, वह नहीं खाता, जैसी बातें करने लगता है। उसमें कदम-कदम पर अहम की भावना प्रदर्शित होने लगती है। वह अपने सामने दूसरों को कुछ समझता ही नहीं। दूसरों को हेय दृष्टि से देखना उसकी आदत बन जाती है। जब कि यह सोचना न केवल गलत और भ्रामक धारणा पर आधारित व्यवहार है, बल्कि मनोविज्ञान के अनुसार भी ठीक नहीं। स्कूल में ऐसा

व्यवहार करने वाले बच्चे का साथ अन्य बच्चे छोड़ जाते हैं और वे उसे घमंडी, सनकी, बड़ा आदमी समझने लगते हैं। सामान्य बच्चे इस प्रकार के बच्चे से दूर हो जाते हैं। इस तरह संपन्न घरों के बच्चे इन सामान्य बच्चों से कट कर रह जाते हैं। ऐसे बच्चों का बौद्धिक और सामाजिक विकास रुक जाता है और इस प्रकार से संपन्नता उनके लिए अभिशाप बन जाती है। उन्हें सब प्रकार से साधन संपन्न बनाकर पंगु न बनाएं।

आर्थिक संपन्नता के कारण घरों में बड़ी-बड़ी पार्टियों के आयोजन होते रहते हैं। आज की शाम 'अमुक' के नाम पर देर रात तक घरों में आयोजन होते रहते हैं अथवा अभिभावक अपने बच्चों के साथ इस प्रकार की पार्टियों में जाते हैं। इस प्रकार के पारिवारिक वातावरण से ये बच्चे भी अछूते नहीं रह सकते और वे भी इन पार्टियों के स्वाद से वंचित नहीं रह पाते। बच्चे जब देखते हैं कि घर में नम्बर दो की कमाई आ रही है, मम्मी-पापा दिल खोलकर इसे दोनों हाथों से खर्च कर रहे हैं, तो उन्हें दो चार सौ रुपए जेब खर्च में उड़ाने-खाने से कौन रोक सकता है। वास्तव में इसी प्रकार के वातावरण से प्रेरित और प्रभावित होकर वह भी पैसे को पानी की तरह बहाने लगता है। यार-दोस्तों में खूब खर्च करता है। इन यार-दोस्तों में भी कुछ चतुर किस्म के चापलूस लड़के होते हैं, जो इन धनी वर्ग के बच्चों को अपना बॉस कहकर अपना उल्लू सीधा करने लगते हैं। वक्त आने पर यही लड़के इन धनी लड़कों की कमजोरियों का लाभ उठाते हैं, उन्हें ब्लैक मेल करते हैं। संपन्नता प्राप्त ये बॉस ही अपने इन साथी लड़कों को 'बीयर पार्टी' तो देते ही हैं, उनके जीवन को बरबाद करने की आधारशिला भी रखते हैं।

अतः आर्थिक रूप से संपन्न अभिभावकों को चाहिए कि बच्चों की सोच को स्वाभाविक ढंग से पलने-बढ़ने दें। उन्हें अन्य सामान्य बच्चों के साथ सामान्य खेल खेलने दें। बच्चों का विकास समान आयु स्तर, समान बौद्धिक स्तर और सामान्य रुचियों के बच्चों में ही होता है। इसलिए बच्चों को उनके इस माहौल से 'कट' न करें। आप चाहे कितने ही संपन्न क्यों न हों, बच्चों को बच्चा ही रहने दें। उसे धूप लगने दें, हवा लगने दें। पेड़ों की छांव में बैठने दें। उसे स्कूल और गली के अन्य बच्चों के साथ खेलने दें। घूमने और पढ़ने दें। बातें करने दें। हर समय उसे हथेली पर ही न बिठाकर रखें, कभी-कभी मिट्टी में भी खेलने दें, क्योंकि बच्चों के विकास में मिट्टी का भी महत्त्व है। भीगी-भीगी वर्षा में नहाने का आनंद अलग ही है। जब बच्चे खेल के मैदान में अन्य बच्चों के साथ खेलते हैं तो उनमें परस्पर सहयोग, सहायता, स्नेह, समन्वय, आत्मीयता और सौजन्यता की भावना विकसित होती है। उनमें प्रतियोगी भावना आती है। वे जीत के लिए सामूहिक प्रयास करते हैं और

जीत की खुशी का आनंद लेते हैं। यह सुखानुभूति ही सामाजिकता है, सामाजिक भावना है। हार में भी उसे बल मिलता है। वह पुनः जीत के लिए एक और प्रयास करने के लिए जुट जाता है और इस प्रकार से खोई हुई शक्ति पुनः अर्जित कर लेता है। वह हताश और निराश होकर नहीं बैठता। इस प्रकार की भावनाएं और विचार ही उसमें प्रतिभा अर्जित करते हैं। वास्तव में आपकी संपन्नता तभी सार्थक है, जब आप अपने बच्चों में सामाजिक भावना लाएं। सामाजिक भावना से बच्चों का मनोबल बढ़ता है। उनके दृष्टिकोण में व्यापकता आती है।

समूह में रहकर बच्चे एक-दूसरे की भावनाएं समझते हैं। एक-दूसरे की भावनाओं का सम्मान करना जानते हैं। एक-दूसरे से सहयोग लेकर ही आगे बढ़ते हैं। उनमें समन्वय करने, विषम परिस्थितियों से समझौता करने की सोच विकसित होती है। व्यावहारिक जीवन में केवल आर्थिक संपन्नता ही काम नहीं आती, वास्तव में धन होना ही काफी नहीं, उसका सदुपयोग करना भी आना चाहिए। साधन संपन्न अभिभावकों को चाहिए कि वे अपने बच्चों को संपन्नता की चमक से दूर रखें, उन्हें अभावों में रखें ताकि बच्चे पैसे का महत्त्व समझें। पढ़-लिखकर अपने पैरों पर खड़े होने को तत्पर हों। यह कहना और समझना कि पैसा ही सब कुछ होता है भ्रामक है और न ही बच्चों के सामने ऐसी बातें कहें, क्योंकि पैसे से न तो सब कुछ संभव है, न होगा। जहां सुई का उपयोग होता है वहां तलवार का उपयोग नहीं हो सकता। इसलिए विचार, विवेक, साहस, तर्क, आत्मविश्वास और औचित्य के आधार पर बच्चों को समझाने का प्रयास करें ताकि बच्चे अपने संबंध में स्वयं निर्णय ले सकें। इस प्रकार का चिंतन न केवल बच्चों को निडर, निर्भीक, साहसी और चिंतनशील बनाएगा, बल्कि उनमें विरोध करने की क्षमता आएगी। वे विषम परिस्थितियों में विचलित न होंगे और साहस कर परिस्थितियों का सामना कर सकेंगे।

संपन्नता बच्चों की प्रतिभा में सहायक बने, यह तभी संभव है जब बच्चे संपन्नता के दुष्प्रभावों से बचें अन्यथा ऐसा सोना किस काम का जिससे कान ही कट जाए। संपन्नता के वातावरण में पले-बढ़े बच्चे बिगड़ सकते हैं, लेकिन आपका रचनात्मक सहयोग उन्हें बिगड़ने से रोकता है। माली भी अनावश्यक रूप से बढ़ी हुई डालियों को काट-छांट कर पौधे को सजाता, संवारता है। इस प्रकार की काट-छांट में पौधे का हित निहित होता है। आपका सहयोग बच्चों का व्यक्तित्व और प्रतिभा को भी निखारता है।

जेब खर्च के संबंध में विवेक से काम लें। घर में आने वाले पैसे की पूरी-पूरी जानकारी बच्चों को दें ताकि वे यह समझ जाएं कि परिश्रम से पैसा कमाया जाता है। अतः फिजूलखर्ची और अपव्यय से बचें। देर रात तक दोस्तों के साथ जमघट लगाना,

जुआ खेलना, शराब पीना और ऐसे ही अन्य अनैतिक कार्यों का बच्चों के मस्तिष्क पर सीधा प्रभाव पड़ता है, अतः बच्चों के उज्ज्वल भविष्य के लिए उन्हें इनसे बचाएं।

बच्चों को दिए गए पैसे का हिसाब लेना अच्छी आदत है। 'हिसाब पाई-पाई बखशिश हजारों की..' प्रचलित कहावत का आशय भी यही है कि बच्चे दिए हुए पैसे में हेरा-फेरी न करें। आशय यह है कि अभिभावकों की जानकारी में यह बात होनी चाहिए कि बच्चों के पास कितना पैसा है और वे इसका क्या उपयोग कर रहे हैं।

किशोर बच्चों को घर का वित्त मंत्री बनाकर भी आप उसकी इन आदतों पर नियंत्रण कर सकते हैं। इससे जहां उनमें जिम्मेदारी की भावना आएगी, वहीं वे पैसे का दुरुपयोग नहीं करेंगे।

घर में आए पैसे का उपयोग बच्चों को विश्वास में लेकर करें। भविष्य की योजनाएं बनाते समय उनके विचारों को मान्यता और प्रतिष्ठा दें। कठिन समय में पैसा ही काम आता है, इस बात का एहसास बच्चों को होना चाहिए। अतः भविष्य के लिए बचत करना अच्छी आदत है। बच्चों की छोटी-छोटी बचत कितनी बड़ी हो जाती है, इसका एहसास समय-समय पर बच्चों को अवश्य कराएं।

घर की कोई बड़ी वस्तु बच्चों की इस बचत से खरीदें और समय-समय पर इसकी चर्चा दूसरों के सामने भी करें। इस प्रकार की चर्चा बच्चों को भविष्य में भी बचत करने के लिए प्रेरित करेगी। बच्चों के बचाए हुए पैसे का उपयोग उन्हीं पर करें। इसे अपना जेब खर्च न बनाएं। यदि इस पैसे का अन्य कोई उपयोग करना आवश्यक ही हो, तो इसमें उनकी सहमति अवश्य लें। इससे उनमें एक गर्व भाव पैदा होगा, जो उन्हें आत्मविश्वासी और आत्मनिर्भर बनाएगा।

आर्थिक संपन्नता जहां उन्हें अति महत्त्वाकांक्षी, शेखचिल्ली बनाती है, वहीं पैसे का अभाव बच्चों को मेहनती, दूरदर्शी, सहयोगी और शिष्ट बनाता है। इसलिए बच्चों को विरासत में संपन्नता नहीं संस्कार दें, ताकि वे कर्तव्यशील और निष्ठावान बन सकें। पैसा स्वयं कमाने के लिए योग्य बन सकें।

बच्चों की प्रतिभा इसमें है कि वे स्वयं कमाएं और विवेक के साथ खर्च करें, क्योंकि कमाना और खर्च करना दोनों ही कलाएं हैं, जिन्हें बच्चे आप से ही सीख सकते हैं।

13

प्रतिभा कुंठित न हो

> *प्रतिभा एक ऐसा पौधा है, जिसे प्रशंसा, प्रोत्साहन, दण्ड, निंदा और पुरस्कारों से निरंतर हरा-भरा बनाए रखा जा सकता है। बच्चों की असाधारण योग्यता, प्रतिभा, उसकी कलात्मक अभिरुचियों से, कार्य के प्रति संलग्नता से और सुंदर लिखावट से जानी जा सकती है। उसकी क्रियाशीलता उसके विशिष्ट होने की परिचायक है। चुनौतियों और विषम परिस्थितियों में भी विचलित न होना उसका स्वभाव बन जाता है। बस, आप तो केवल उसका उत्साहवर्धन करें।*

जैसा कि पूर्व में भी बताया जा चुका है कि प्रतिभा कोई भौतिक वस्तु नहीं है। बच्चों के व्यक्तित्व को प्रभावित करने वाला यह एक ऐसा गुण है, जो जीवन में कब काम आए, कुछ कहा नहीं जा सकता। भावी जीवन की ऐसी बहुत सी क्रियाएं होती हैं, जो प्रतिभा से ही प्रभावित होती हैं। बच्चों की प्रतिभा कुंठित न हो, इसके लिए अभिभावकों को निम्न प्रयास करने चाहिए :

रुचियों का अध्ययन और प्रोत्साहन

बच्चों की मूल प्रवृत्तियां जन्मजात होती हैं, इन मूल प्रवृत्तियों को ही शामिल कर अभिरुचियों में बदला जा सकता है। बच्चे परस्पर सहयोग पाकर कई कलाएं सीख जाते हैं। कुछ तो जन्मजात होती हैं और कुछ कलाएं उन्हें विरासत में मिलती हैं। अभिभावकों को चाहिए कि वे बच्चों में विकसित होती इन अभिरुचियों का अपने स्तर पर अध्ययन करें और इनमें सहयोग दें। यदि बच्चों की रुचि लेखन, साहित्य अथवा अन्य किसी कला में है, तो अभिभावकों का सहयोग पाकर, प्रोत्साहन पाकर वह विकसित होने लगेगी। ऐसे बच्चों को पत्र-पत्रिकाओं के अध्ययन की सुविधा उपलब्ध करानी चाहिए। स्कूलों में आयोजित होने वाले साहित्यिक कार्यक्रमों

में जैसे भाषण प्रतियोगिता, वाद-विवाद प्रतियोगिता में शामिल होने के लिए प्रोत्साहित करें। स्कूलों में बाल सभाएं होती हैं। सभी अच्छे और बड़े विद्यालयों में बच्चों की स्कूली पत्रिका आदि प्रकाशित होती हैं। बच्चों को चाहिए कि वे इन पत्रिकाओं के माध्यम से अपनी रचनाओं को प्रकाशित कराएं।

स्कूलों में होने वाले 'शिक्षक-अभिभावक दिवस' पर अभिभावक विद्यालयों में जाएं और अपने बच्चों की कलाओं का प्रदर्शन देखें। ऐसे अवसरों पर विद्यालयों में सामूहिक व्यायाम प्रदर्शन, नाटक, गीत-संगीत आदि के कार्यक्रम बच्चों द्वारा आयोजित होते हैं। अभिभावक इन कार्यक्रमों को बड़ी रुचि के साथ देखें, उन्हें प्रोत्साहित करें। बच्चे आपका प्रोत्साहन पाकर जहां प्रसन्न होते हैं, वहीं उनकी प्रदर्शन प्रवृत्ति को उत्साह मिलता है। बच्चे अपनी प्रतिभा को प्रदर्शित कर जो आनंद का अनुभव करते हैं, आप उसमें सहयोगी बन सकते हैं।

मूल बात यह है कि प्रतिभा कभी छिपती नहीं। प्रतिभा वह चमक है जो सैकड़ों में अपनी आभा स्वयं प्रदर्शित करती है। खेल के मैदान में खेलते हुए बच्चे स्वयं जजों की नजर में आ जाते हैं और उनका चयन हो जाता है। वास्तव में यह सब प्रतिभा ही है, जो खुद तैर कर ऊपर आती है।

साहस

चेतना और हिम्मत व्यक्ति को सजीव बनाते हैं। विचारों की प्रेरणा पाकर बच्चे का मस्तिष्क क्रियाशील होता है। शरीर पर मन का प्रभाव पड़ता है। विचार ही मन को सक्रिय अथवा निष्क्रिय बनाते हैं। साहस के साथ प्रतिभा को सक्रिय बनाया जा सकता है। निराशा मन को हतोत्साहित करती है। अतः बच्चों के मन में निराशाजनक विचार अधिक देर तक न रहने दें। फेल हो गए बच्चे को अकेला न छोड़ें, उसे फिर उसकी क्रियाओं के साथ जोड़ें। दुख, शोक, चिंता के कारण प्रतिभा कुंठित होती है। दुख और शोक में अनुत्तीर्ण हुआ बच्चा यह सोचता है कि सफलता उसके भाग्य में ही नहीं, जब कि ऐसा कभी नहीं होता। निराशाजनक विचारों को बच्चों के मन में अधिक देर तक न ठहरने दें। सबसे पहले उसके मस्तिष्क में यह विचार पैदा होना चाहिए कि इस असफलता के लिए वह स्वयं जिम्मेदार है। जिम्मेदारी का यह अहसास पैदा होते ही उसके मन में दृढ़ता आने लगेगी। यह विश्वास ही उसे फिर से एक और प्रयास के लिए तैयार करेगा। विचारों की यह दृढ़ता उसे दूसरे वर्ष बहुत अच्छे अंकों से उत्तीर्ण कर सकती है। वास्तव में प्रतिभा के साथ भी कुछ ऐसा ही होता है। शरीर को सामर्थ्यवान बनाने के लिए साहस के साथ एक बार पुनः प्रयास करें। सफलता के मार्ग में आने वाली बाधाएं दूर होने में समय न लगेगा।

आत्मविश्वास

आत्मविश्वास से मनोबल बढ़ता है। घोर कठिनाइयों में भी जो अपना रास्ता बना लेते हैं, कठिनाइयों पर विजय प्राप्त कर लेते हैं, वही आशावादी हैं। उनके आत्मविश्वास की प्रशंसा करनी चाहिए। लेकिन कुछ बच्चे हमेशा किंतु-परंतु, अगर-मगर ओढ़कर दुविधा में पड़े रहते हैं, वे कभी लक्ष्य को प्राप्त नहीं कर पाते।

जिन खोजा तिन पाइयां, गहरे पानी पैठ से भी यही तात्पर्य है कि प्रगति, उन्नति, सफलता, विकास और लक्ष्य को चाहने वाले इन्हें पा ही लेते हैं। बच्चों के भीतर छिपी हुई उस बीजनुमा प्रतिभा को आप आत्मविश्वास के खाद-पानी से इस योग्य बनाएं कि वह अंकुरित हो उठे। आत्मविश्वास के सहारे न केवल बच्चे नए-नए विषय पढ़ते हैं, बल्कि उनके मन से यह भय भी निकल जाता है कि वह अमुक कार्य नहीं कर सकता। गणित तो मेरे बाएं हाथ का खेल है जैसी आशावादिता उसे गणितज्ञ बना देती है। जिसे अपने आप पर विश्वास नहीं वह कुछ नहीं कर सकता। भला क्या सोच कर बच्चा स्कूल जाता है? क्या सोच कर परीक्षा में बैठता है? क्या सोच कर वह कुएं से पानी भरने जाता है? बहुत स्पष्ट है कि सफलता पाने की इच्छा ही उसे सब कार्यों के लिए प्रेरित करती है और उस सफलता के लिए वह प्रयास करता है। बच्चों में यह विश्वास होता है कि वह पढ़-लिखकर इस योग्य बनेगा ताकि वह अपने व्यवसाय में सफल हो। वह एक योग्य डॉक्टर, इंजीनियर अथवा अध्यापक बनेगा और यह आत्मविश्वास ही उसे लक्ष्य तक पहुंचा देता है।

जिस व्यक्ति को अपनी योग्यता पर विश्वास ही न हो, वह भला कैसे आगे बढ़ेगा? बच्चे अपनी धुन के पक्के होते हैं। वे अपने अदम्य आत्मविश्वास के बल पर आगे बढ़ते हैं और सफल होकर अपना नाम कमाते हैं। वे इस बात की परवाह ही नहीं करते कि लोग क्या कहेंगे?

आत्मविश्वास व्यक्ति को ईमानदार, कर्मनिष्ठ, क्रियाशील और उदार बनाता है। बच्चों के साथ बच्चे में इस प्रकार की भावनाएं विकसित होती हैं। ऐसे बच्चों का भविष्य स्वतः ही बनने लगता है। देश की अच्छी तकनीकी संस्थाओं में अध्ययनरत लड़कों पर बड़े-बड़े संस्थानों की नजरें होती हैं, वे ऐसे लड़कों का चयन अपने संस्थानों के लिए स्वयं ही कर लेते हैं। उन्हें अच्छी सेवाओं के लिए ऑफर देते हैं। ऐसे दीपक भला क्या जलेंगे जिनमें तेल ही न हो। **कर्ता और कर्म को जोड़ने वाला आत्मविश्वास वह सेतु है, जिन्हें सफलताएं खुद मिलती हैं। ऐसे बच्चे ही महान बनते हैं।**

भय से मुक्ति

भय और चिंता बच्चों की प्रतिभा को कुंठित करते हैं। उसे आगे बढ़ने से रोकते हैं। अतः जहां तक संभव हो बच्चों के सामने भय का हौवा खड़ा न करें। उन्हें उत्साह, हिम्मत, शौर्य, धैर्य, बुद्धिमत्ता की कहानियां सुनाएं। ऐसे प्रसंग बच्चों की प्रतिभा को निखारते हैं।

साधन

बच्चों को उनके भविष्य के अनुरूप साधन संपन्न करें। जिस प्रकार लताएं सहारा पा कर ऊंची से ऊंची ऊंचाइयों को पा लेती हैं। उसी प्रकार बच्चे भी साधनों का सहारा पाकर गौरवशाली पदों को पा लेते हैं। प्रकृति का नियम है कि ईश्वर भी उसी की सहायता करता है जो अपनी सहायता आप करते हैं। अभिभावकों को चाहिए कि बच्चों में यह आत्मविश्वास भरें कि जीवन में सफलता पाने के लिए कठोर परिश्रम करना पड़ता है। मेहनत बेकार नहीं जाती और उसका फल भी मिलता है। जो बच्चे मनोयोग से पढ़ते हैं उनका भविष्य अवश्य ही उज्ज्वल होता है।

निर्धन घरों के बच्चों को मेहनत के सहारे आगे बढ़ते देखा है। वास्तव में निर्धनता न तो कोई अभिशाप है और न उनकी सफलता में कोई बाधक। मेहनत दुर्भाग्य को सौभाग्य में बदलने का साधन है। दुर्भाग्य को सौभाग्य में बदलने का सबसे सरल उपाय यही है कि हम अपने सीमित साधनों का ही उपयोग करें और प्रत्येक सफलता पर प्रसन्न हों। छोटी-छोटी सफलताएं ही बड़ी सफलता बन जाएंगी।

अब्राहम लिंकन का उदाहरण हमारे सामने है। वह बहुत गरीब घर का सदस्य था। यहां तक कि उसके पिता के पास इतने पैसे भी न थे कि वे लिंकन को पढ़ा सकते, लेकिन उसकी लगन इतनी अधिक थी कि वह बचपन में ही अपने पिता से कहने लगा कि वह एक दिन देश का राष्ट्रपति बनेगा और वह बना।

अर्जुन की तरह अपने लक्ष्य पर नजर रखें, आपको अपने लक्ष्य के अतिरिक्त और कुछ दिखाई ही नहीं देगा। आप सफलताओं के नित्य नए सोपान प्राप्त करते जाएंगे।

संकल्प

संकल्प का कोई विकल्प नहीं होता। यदि मन में ठान लिया तो लक्ष्य प्राप्ति में कोई कठिनाई नहीं आएगी। उसी प्रकार से अपने चिंतन और मनन को भी शिथिल न होने दें।

जंगल में मोर नाचा किसने देखा? से तात्पर्य यह है कि आप बच्चों की प्रतिभा का लाभ उसके सहयोगियों, परिवार वालों अथवा समाज वालों को अवश्य दें, ताकि वे उसकी प्रतिभा से लाभ उठा सकें। बच्चे भी अपने काम में रुचि लें, काम में रुचि लेने से वह काम सरल हो जाता है और उसमें असफल होने का प्रश्न ही नहीं पैदा होता।

अवसर को हाथ से न जाने दें

जीवन की सारी सफलताएं, उपलब्धियां, प्रतिष्ठा, मान-सम्मान सब अवसर की देन हैं। जब बच्चा अवसर के अनुकूल आचरण नहीं कर पाता तो सफलताओं से वंचित रह जाता है। अवसर के अनुकूल किया गया आचरण ही सफलताओं के द्वार तक ले जाता है।

अवसर से तात्पर्य कोई विशेष प्रयास अथवा तैयारी से नहीं है, न ही इसके संबंध में किसी विशेष प्रशिक्षण की आवश्यकता है और न ही कोई अन्य हमें इसके लिए सचेत करने आएगा। अवसर से तात्पर्य यह है कि आप दैनिक जीवन में बच्चों को हर किसी भी स्थिति से निबटने के लिए हमेशा तत्पर भरी सोच अपनाने को कहें। दूसरों को प्रभावित करने के लिए बच्चे क्या व्यवहार करते हैं और उनका यह व्यवहार दूसरों को कितना प्रभावित करता है।

यही है अवसर, विवेक अथवा सूझबूझ। बच्चे अपने सामाजिक, पारिवारिक और स्कूली जीवन में कितने जागरूक रहते हैं। उनका मस्तिष्क कितना क्रियाशील रहता है। कभी-कभी किसी व्यक्ति के चले जाने के बाद आपको याद आता है कि अमुक व्यक्ति से अमुक महत्त्वपूर्ण काम था। जब वह चला गया तो फिर अब वह काम तो होगा नहीं... जबकि उसे कह देने से आपका काम सौ प्रतिशत हो जाता अर्थात् आपके पल्ले एक और असफलता... बस अवसर निकल जाने के बाद की। ये असफलता अथवा सफलताएं ही समग्र रूप से आपके बच्चों की प्रतिभा है। अतः आप इसे कहीं भी हाथ से न निकलने दें।

आलस्य, अदूरदर्शिता, अहम, संकीर्णता, असामाजिक भावनाएं और विचार ही हमें अवसर के अनुसार चिंतन और व्यवहार नहीं करने देते। 'जरा-सी बात के लिए दूसरों के आगे क्या हाथ जोड़ना.. मुझे यह बिल्कुल पसंद नहीं' जैसी सोच अथवा अहम भरी बात हमें बाद में पश्चाताप के सिवा कुछ नहीं देगी। वास्तव में ऐसी अहम भरी सोच ही बच्चों को पंगु, अंतर्मुखी और अकेला बनाती है। उनके सोचने-समझने का दायरा सीमित करती है। आज के प्रगतिशील युग के अनुकूल ऐसी भावनाएं नहीं हैं, न ही इनका कोई महत्त्व है। आज एक व्यक्ति की सहायता

और सहयोग के बिना दूसरा प्रगति कर ही नहीं सकता। जरा-जरा-सी बातों के लिए दूसरों के हाथ जोड़ना आपकी अपनी सोच हो सकती है। भला इसमें हाथ जोड़ने जैसी हीनता कहां से आ गई। आज सारी सामाजिक और आर्थिक व्यवस्था एक-दूसरे के सहयोग से चलती है, कोई चाहे अकेला ही उत्पादन कर ले, वितरण और विक्रय कर ले, यह संभव नहीं है। इसमें हाथ जोड़ने जैसी बात तो कहीं भी नहीं। अवसर से लाभ उठाने से भी हमारा यह अर्थ बिल्कुल नहीं कि आप अवसरवादी बनें। इस विषय में व्यावहारिक सोच यह है कि आपका मस्तिष्क इतना चिंतनशील और क्रियाशील होना चाहिए कि आप छोटी-से-छोटी बात को भी ध्यान से देखें, समझें और उसे महत्त्व दें।

अवसर की तलाश के लिए हमें कहीं जाने-आने की आवश्यकता नहीं, यह तो आपको हर क्षण मिलते हैं। यह हम पर निर्भर करता है कि हम इसका उपयोग कितना करते हैं अथवा बच्चों को इन अवसरों के प्रति कितना समर्पित करते हैं?

अपनी किसी भी सफलता के प्रति पूर्वग्रही सोच न अपनाएं। सेवा, लोक कल्याण, दूसरों की सहायता, उपकार, परमार्थ के अनेक अवसर हमें नित्य मिलते हैं, इन सभी अवसरों पर हमें अपनी सोच लोक हितकारी बनानी चाहिए। अन्याय को सहन न करना अथवा अन्याय का साथ न देना एक ऐसा आचरण है जिससे भले ही आपको कोई भौतिक लाभ न मिले, लेकिन वास्तव में ऐसी भावनाओं से आपका मनोबल बढ़ता है। आपके प्रत्येक अच्छे कार्य को कोई न कोई देख रहा है, इस सत्य को स्वीकारें।

प्रगतिशीलता के इस युग में अवसर और सफलताएं, प्रतिभा और व्यक्तित्व एक-दूसरे के पूरक हैं। अतः सामाजिक जीवन में इस विषय में यही आदर्श अपनाएं कि व्यावहारिक बनें और अवसर के अनुकूल आचरण कर अपनी छवि आप बनाएं।

14

दायित्व बोध

> प्रतिभा और दायित्व बोध एक-दूसरे के पूरक हैं। दायित्वों का निर्वाह करना ही प्रतिभा को मूर्त रूप देना है। बच्चा चाहे जिस आयु का भी क्यों न हो, यदि उसमें दायित्व बोध की भावना नहीं है, तो वह सफलता के मार्ग पर आगे नहीं बढ़ेगा। पारिवारिक दायित्व, प्रशासनिक दायित्व, राष्ट्रीय दायित्व आदि को बच्चा तभी पूरा कर सकेगा, जब उसमें दायित्व बोध विकसित होगा और यह बोध अभिभावक चाहे संस्कार के रूप में दें या प्रतिभा के रूप में। आखिर देना उन्हें ही है, क्योंकि बच्चे तो उन्हीं का अनुसरण करते हैं।

'जब तक मैं बाजार से न आऊं तब तक तुम बाहर ही रहना..., सोनू के घर चले जाना। वहीं खेलना...।' कह कर मिसेज शर्मा ने बच्चे को बाहर निकाल दिया, कमरे में ताला लगा दिया। बच्चा बड़े बेमन से सड़क पर खड़ा होकर सोचने लगा, दूसरा, "जब तक मैं बाजार होकर आती हूं, तुम खिड़कियों के कांच साफ कर देना, देखो अखबार को पहले गीला करना, फिर हलके हाथों से कांच को रगड़कर साफ करना...।"

बच्चों को जिम्मेदारी का अहसास कराने के ये दो ऐसे व्यवहार हैं, जिन्हें हम अकसर बच्चों के प्रति करते हैं। पहले व्यवहार में जहां हम बच्चों में अविश्वास प्रकट कर उन्हें घर में अकेला नहीं रहने देना चाहते, वहीं दूसरे व्यवहार में हम बच्चों में विश्वास प्रकट कर उन्हें घर की जिम्मेदारी सौंप कर सक्रिय बनाए रखना चाहते हैं।

बच्चों को घर के कामों में इस प्रकार की संलग्नता का व्यवहार जहां उन्हें जिम्मेदार नागरिक बनाता है, वहीं उनमें आत्मविश्वास बढ़ाता है। यह आत्मविश्वास ही उन्हें भावी जीवन के प्रति नई सोच प्रदान करता है। इसलिए बच्चे चाहे छोटे ही क्यों

न हों, हमेशा उनकी क्षमताओं में विश्वास व्यक्त कर उन्हें हमेशा घर के कामों में संलग्न रखें।

''आशीष बेटा, जरा अंजू का स्कूल का होमवर्क तो देख लेना, कहीं कोई गलती हो तो उसे ठीक भी कर देना।''

''नीलू बेटा, दीदी के साथ डॉक्टर साहब की दुकान पर तो चली जा, देख रास्ते में दवाई वाले की दुकान से दवा भी लेती आना... ।''

बच्चों से करवाए जाने वाले ऐसे काम जिम्मेदारी के एहसास के कार्य हैं, जिन्हें न केवल बच्चे प्रसन्नता के साथ करते हैं, बल्कि उनमें दायित्व बोध का भी एहसास होता है। वे इन कामों को करने में अपने आपको परिवार का एक उपयोगी घटक होने का गर्व भी अनुभव करते हैं।

अधिकांश अभिभावक अपने बच्चों को बच्चा समझते हैं, अभिभावकों की यह सोच ही उन्हें निकम्मा, पंगु बनाती है। उसे कोई काम करने का अवसर न देना अथवा यह कहना 'सोने दो...', 'उसे मत कहो...', 'इतनी धूप में वह कहां जाएगा..?' 'उसमें इतनी समझ कहां' कह कर निरंतर उसकी उपेक्षा की जाती है। परिणाम यह होता है कि कई बच्चे किशोर हो जाने के बाद भी लल्लू बने रह जाते हैं। उन्हें व्यावहारिक ज्ञान, जीवन की छोटी-छोटी बातें भी नहीं पता होतीं और वे जीवन भर भीरु, दब्बू, संकोची और एकाकी बने रहते हैं। सामान्य शिष्टाचार की बातें भी नहीं जानते।

बच्चों में जिम्मेदारी का एहसास जाग्रत कराने के लिए उनकी योग्यता, क्षमता और प्रतिभा को जानें और परिवार के दैनिक क्रियाकलापों में उनकी रुचि जानकर उन्हें इनमें संलग्न करें अथवा जिन कार्यों को आम बच्चों को करना चाहिए, वे सब काम बच्चों से ही कराएं अथवा उन्हें स्वयं करने के लिए प्रेरित करें। बच्चों में विश्वास व्यक्त करें। बच्चों को जो कार्य आप करने के लिए सौंपें, उनकी सफलताओं पर आप बच्चों को शाबाशी अवश्य दें। उनके कार्यों की सफलताओं की चर्चा घर और पड़ोस में, उनकी मित्र मंडली में अवश्य करें। अगर वे अपने किसी कार्य में असफल होते हैं, परीक्षा में अनुत्तीर्ण होते हैं अथवा उतने सफल नहीं होते जितना कि आप चाहते हैं, तो इसके लिए उन्हें अपमानित न करें न ही उन्हें डाटें। बल्कि उन कारणों को जानने का प्रयास करें, जिनके रहते बच्चा सफलता प्राप्त नहीं कर सका। फिर स्वयं ही बच्चों को एक और प्रयास करने के लिए कहें, उसे उत्साहित करें।

"जब तुम्हें कोई काम आता ही नहीं, तो फिर करते क्यों हो?" कह कर बच्चों को हतोत्साहित करना, उनमें निराशा पैदा करने के बराबर है। अतः इस प्रकार की टिप्पणी न करें। इसके स्थान पर आप कहें, "पुनः प्रयास करो, जानते हो असफलता सफलता की निशानी है, अबकी बार तुम्हें सफलता अवश्य मिलेगी..." इस प्रकार की प्रेरणा पाकर बच्चों में आत्मविश्वास तो पैदा होगा ही साथ ही उसे अपनी जिम्मेदारी का एहसास भी होगा और फिर वह अवश्य ही सफल होगा।

बच्चों को उनकी सामाजिक, पारिवारिक और स्कूली जिम्मेदारियों से भी अवगत कराते रहें। स्कूल मुहल्ले में आयोजित होने वाले आयोजनों, विवाह, भोज, पार्टी और सामाजिक उत्सवों में उनकी भूमिका का एहसास आप उन्हें समय-समय पर कराते रहें। विवाह अथवा समारोह में खाने का सलीका, स्वजनों अथवा सह कुटुम्बियों के साथ व्यवहार, शिष्टाचार की अन्य छोटी-छोटी बातें जब तक आम बच्चों को बताएंगे नहीं, तब तक वे कैसे और किससे सीखेंगे? अतः ऐसे किसी भी अवसर को हाथ से न जाने दें और ऐसे अवसरों पर बच्चों को सक्रिय बनाएं।

थाली अथवा प्लेट में जूठा छोड़ने पर उसे समझाना किसका दायित्व है? बच्चे अपने कपड़े साफ रखें, जूते, टाई, रूमाल, निजी सफाई के प्रति जागरूकता, समय की पाबंदी, सौंपे हुए काम को पूरी लगन एवं तत्परता के साथ करना, लाइन में खड़े होकर अपनी बारी का इंतजार करना आदि ऐसी बातें हैं, जिन्हें आप बच्चों में संस्कारों के रूप में डाल सकते हैं। उनकी आदत बना सकते हैं। उनमें इनके प्रति एक एहसास जगा सकते हैं। अतः अभिभावकों को इस संबंध में सदैव सावधानी बरतनी चाहिए और बच्चों के संबंध में हमेशा सचेत रहना चाहिए।

हाथ धोकर खाना, अपने बालों, जूतों और कपड़ों की सफाई के प्रति सतर्कता जहां बच्चों में अच्छे संस्कार देगी, वहीं वे बसों, रेलों, बाजार में भी सतर्क रहेंगे। ऐसे बच्चे व्यावहारिक जीवन में जहां 'चीट' होने से बचेंगे, वहीं वे विषम परिस्थितियों में भी अपनी रक्षा आप कर सकने में समर्थ होंगे।

जिम्मेदारी का अहसास एक प्रेरणादायक कार्य है, इसलिए आपकी अभिभावक के रूप में यह जिम्मेदारी है कि आपकी कथनी और करनी में भी अंतर न हो। जब कोई काम बच्चा न कर पाए तो उसका साथ देकर आप स्वयं उसे करके दिखाएं। अपनी इस सफलता के लिए बच्चों को श्रेय दें। श्रेय पाकर बच्चे जहां प्रसन्नता का अनुभव करेंगे, वहीं वे दूसरे दिन अपना काम स्वयं करेंगे।

बच्चों में जिम्मेदारियों के ये एहसास जहां उन्हें भावी जीवन में सफलता के आधार प्रदान करेंगे, वहीं बच्चे अपने कर्तव्यों के प्रति सजग और प्रगतिशील होंगे। अतः बच्चों में दायित्व बोध एक संस्कार के रूप में विकसित करें।

सामाजिकता

बच्चों की सफलता का मूल्यांकन समाज में होता है। समाज ही यह कहता है कि 'अमुक' 'अमुक' का लड़का है। समाज हमसे यह अपेक्षा करता है कि हम बच्चों को सामाजिक संस्कार देकर उन्हें समाज का उपयोगी घटक बनाएं। दूसरों की कुशलता पूछना, कठिन समय में दूसरों को सांत्वना देना आदि ऐसे व्यवहार हैं जो हमारे सामाजिक होने के परिचायक हैं।

प्रसिद्ध मनोवैज्ञानिक विचारक **हरलॉक** का कथन है कि कोई भी बच्चा जन्म से सामाजिक नहीं होता। वह समाज के संपर्क में आकर समायोजन से सामाजिक बनता है। सफल सामाजिक जीवन के लिए बच्चे का सामाजिक बनना आवश्यक है, इसके बिना उसके जीवन में ठहराव नहीं आ सकता। चूंकि प्रारंभिक अवस्था में बच्चे का क्षेत्र सीमित होता है, वह अपनी शारीरिक आवश्यकताओं को अपने इसी सीमित दायरे से पूरी कर लेता है, इसलिए उसकी ये आवश्यकताएं अभिभावक अपने स्तर पर पूरी कर देते हैं। लेकिन जैसे-जैसे उसकी आयु बढ़ती है, वैसे-वैसे उसकी शारीरिक और मानसिक आवश्यकताएं भी बढ़ती हैं। ये आवश्यकताएं भी समाज से ही पूरी होती हैं। प्रतिभा विकास के लिए बच्चे का सामाजिक होना आवश्यक है। इस क्रिया से ही बच्चों में दूसरों के प्रति दया, सहिष्णुता, सहयोग, सहानुभूति आदि के भाव पैदा होते हैं और ये भाव ही बाद में आदत के रूप में विकसित होते हैं। इस प्रकार की आदतें ही उसे सामाजिक प्राणी बनाती हैं। बच्चों को सामाजिक बनाने में परिवार, विद्यालय, खेल का मैदान, पड़ोसी और धर्म मुख्य भूमिका निभाते हैं।

परिवार

दो बच्चे जो अलग-अलग घरों से एक ही विद्यालय में, एक ही कक्षा में, एक ही शिक्षक से पढ़ते हैं, साथ-साथ खेलते हैं, फिर भी सामान्य ज्ञान, रुचियों, व्यवहारों, पड़ोसियों और धर्म के कारणों से पूर्णतया भिन्न होते हैं। वास्तव में परिवार में रह कर बच्चा अपने आपको सुरक्षित समझता है। परिवार में जहां बच्चे में सुरक्षा की भावना विकसित होती है, वहीं उसमें नैतिक गुणों का भी विकास होता है। वह परिवार के सदस्यों से परस्पर स्नेह, दया, ममता, सहयोग जैसी भावनाएं सीखता है। घर में रहकर उसमें आदत और चरित्र के अनेक भाव विकसित होते हैं। प्रेम

भावना विकसित होती है। समर्पित भाव उसमें भावनात्मक संबंधों को जोड़ते हैं। रक्षा बंधन, भैया-दूज जैसे त्योहारों पर वह परिवार के प्रति समर्पित होने की प्रेरणा लेता है।

विद्यालय का वातावरण उसे सामाजिक बनाता है। वास्तव में विद्यालय वह दीप है, जो बच्चे को सामाजिक बनाकर उसे समाज में आलोक फैलाने या प्रकाशित करने के प्रति प्रेरित करता है। विद्यालय बच्चों को सांस्कृतिक बनाते हैं। परिवार और समाज के मध्य स्नेह सेतु के रूप में एक कड़ी का काम करते हैं। इसलिए विद्यालय जितने अच्छे होंगे, बच्चों का सामाजिक विकास उतना ही अच्छा होगा। विद्यालय बच्चों में नागरिक गुणों को भी विकसित करते हैं।

खेल का मैदान, पड़ोसी और धर्म बच्चों को नैतिक चरित्र प्रदान करते हैं। उनके दृष्टिकोण को विकसित करते हैं। धर्म के मामलों में बच्चों को कुछ ऐसी शिक्षाएं देनी चाहिए, ताकि वे धार्मिक कट्टरता की ओर न बढ़ें। वास्तव में संविधान का धर्म निरपेक्ष स्वरूप ही बच्चों को बताना, समझाना चाहिए ताकि वे सामाजिक आदर्श को पा सकें और अपने व्यक्तित्व को समाज और राष्ट्र की अपेक्षाओं के अनुरूप बना सकें।

15

अभिरुचियां

> बच्चों के व्यवहार उसकी पसंदगी नापसंदगी से प्रभावित होते हैं। वह अपनी पसंद के कार्यों को पहले करता है, इन्हें करने में उसे कोई थकान अनुभव नहीं होती। यही रुचि है और इनसे संबंधित कार्य रुचियां हैं। रुचियां प्रतिभा विकास में सहायक हों, शिक्षकों की प्रेरणा पाकर बच्चों में नई-नई रुचियां पैदा हों, ये प्रयास अभिभावकों को करने चाहिए ताकि ये रुचियां बच्चों की प्रतिभा विकास का अंग बनें।

कुछ काम ऐसे होते हैं जिन्हें करने में बच्चे कभी न तो थकते हैं, न बोर होते हैं और न ही उन्हें कभी इनसे अरुचि होती है। आप कह सकते हैं, भला ऐसे कौन से काम हैं? ऐसे काम अथवा व्यवहार हैं हॉबी यानी बच्चों की रुचि के काम। ऐसे कामों को करने में जहां बच्चे की प्रतिभा विकसित होती है, वहीं उसे आत्मसंतुष्टि की आनंदानुभूति भी होती है। शतरंज के खिलाड़ियों को क्या मिलता है। वे घंटों बैठे रहते हैं, चाल सोचते रहते हैं और जरा भी उनसे आप बीच में कुछ पूछ लें, तो सारा का सारा गुड़ गोबर। छोटे बच्चों में तो चूंकि बौद्धिक विकास नहीं हो पाता, फिर भी उनमें कुछ अभिरुचियां तो पाई ही जाती हैं, लेकिन किशोरों में कई प्रकार की ये अभिरुचियां होती हैं।

खेल संबंधी : कुछ बच्चे साइकिल चलाना, जिमनास्टिक, तैराकी, दौड़-कूद, क्रिकेट खेलना, फुटबाल, हॉकी, टेनिस, बैडमिंटन, बॉस्केटबॉल, खो-खो, कबड्डी अथवा दूसरे खेलों में बड़ी रुचि लेते हैं और ये खेल उनकी हॉबी बन जाते हैं।

संग्रह करना : पुराने डाक टिकट, सिक्के, नेताओं के चित्र, अन्य पिक्चर कार्ड्स, राष्ट्र ध्वज, दूसरे देशों की मुद्राएं, पुस्तकें संग्रह करना।

बौद्धिक कार्य : भाषाएं सीखना, बुद्धि विलास, पहेलियां भरना।

रचनात्मक कार्य : बागवानी, चित्रकला, कविता-कहानी लेखन, अभिनय, गीत-संगीत, वाद्य यंत्र, चित्रकारी, फोटोग्राफी।

तकनीकी ज्ञान : कंप्यूटर, साइंस गेम्स और प्रोजेक्ट्स निर्माण।

हॉबी के संबंध में कोई सीमा अथवा किसी प्रकार का नियंत्रण नहीं है। वे कंप्यूटर सीखना चाहें अथवा डाक टिकट संग्रह करें। अभिभावकों को इस विषय में व्यापक दृष्टिकोण अपना कर बच्चों को उनकी इच्छा के अनुसार उनमें अभिरुचियों को विकसित होने देना चाहिए, ताकि उनकी प्रतिभा को विकसित होने में आसानी हो, क्योंकि :

1. हॉबी से बच्चों को मानसिक संतुष्टि मिलती है। यहां तक कि पढ़ने-लिखने और खेलने के बाद भी वे अपनी इन रुचियों में समय देकर प्रसन्न होते हैं और उनमें आत्मविश्वास बढ़ता है।
2. हॉबी से बच्चों की थकान दूर होती है और वे मानसिक शांति का अनुभव करते हैं। बच्चों में पनप रही हॉबी को नई गति अथवा दिशा देने के लिए बच्चों को प्रोत्साहन दें।
3. यदि साधनों की आवश्यकता हो, तो आप अपनी सीमा में साधन जुटाएं।
4. यदि इसके लिए किसी प्रशिक्षण की आवश्यकता हो, तो उस प्रशिक्षण की व्यवस्था आप अपनी सीमा में करें।
5. बच्चों को अपनी हॉबी के लिए पर्याप्त समय देने के लिए प्रोत्साहन दें।
6. यदि हॉबी में कुछ अतिरिक्त खर्च हो रहा हो, तो आप अपने स्तर पर इसकी व्यवस्था करें।

सावधानी और सतर्कता से आप बच्चों की अभिरुचियों में सहायक बनें, क्योंकि ये अभिरुचियां ही एक दिन बच्चे के जीवन में जीविका का आधार बन सकती हैं।

सुंदर को मूर्ति बनाने का शौक था, वह स्कूल में छोटी-मोटी मूर्तियां बनाकर अपने समय का सदुपयोग करता था, आज सुंदर का मूर्ति उद्योग जिले का प्रमुख उद्योग है और वह साल-भर दस-बीस आदमियों को रोजी-रोटी देता रहता है।

बच्चों की हॉबी एक प्रकार का वह प्रतिभा बीज है, जो आपकी प्रेरणा व प्रोत्साहन पाकर एक दिन पेड़ बन सकता है और बच्चा पूरा जीवन इस पेड़ की छाया में सुख का जीवन व्यतीत कर सकता है। इसलिए अभिभावकों को चाहिए कि वे बच्चों की इस तकनीकी कौशल को दिशा देने में सहयोगी बनें।

यह हो सकता है कि प्रारंभ में बच्चों को उनकी हॉबी के अनुसार काम न मिले अथवा उनके काम में कोई कमी आ जाए, वे उस स्तर पर इसे न स्थापित कर सकें, लेकिन वास्तव में लगन, परिश्रम और लक्ष्य के प्रति निष्ठा उन्हें एक दिन अवश्य ही सफलता दिलाएगी। यदि कुछ बच्चे अपनी इन रुचियों के कारण कहीं अंशकालीन समय में काम करते हैं, तो उन्हें मना न करें। बाद में यही अंशकालीन कार्य पूरे समय का कार्य भी हो सकता है। अभिभावकों की देख-रेख में यदि बच्चों की हॉबी को प्रोत्साहन मिलता है, तो यही हॉबी एक दिन बच्चे की सफलता में चार चांद लगा सकती है। जिस प्रकार से की हुई बचत कठिन दिनों में काम आती है, उसी प्रकार से बच्चों के ये शौक भी एक दिन उनके काम आ सकते हैं।

हॉबी का उद्देश्य मनोरंजन भी होता है, इसलिए इस कार्य में हमेशा आर्थिक लाभ की अपेक्षा न करें। कुछ कार्य केवल समय बिताने के लिए भी हो सकते हैं। यहां आशय केवल इतना ही है कि हॉबी बुद्धि के विकास में सहायक है। अभिभावक इन हॉबीज को नई दिशा भी दे सकते हैं और बच्चों को हताश, निराश और कुंठित होने से बचा सकते हैं। चूंकि हॉबी बच्चों को कार्य में अधिक दक्ष बनाती है, उन्हें शारीरिक रूप से स्वस्थ बनाती है, मानसिक रूप से प्रसन्नता प्रदान करती है, इसलिए इस विषय में उन्हें हमेशा प्रेरित करते रहना चाहिए।

बच्चों में पनपी किसी भी हॉबी के लिए यदि आप उन्हें कोई साहित्य, जानकारी अथवा साधन दिला सकते हैं, तो अवश्य दिलाएं। संभव हो तो आप उनकी हॉबी से संबंधित साहित्य ला कर दें। यदि बच्चा चित्रकारी में रुचि रखता है तो चित्रकारी से संबंधित साधन, नई-नई जानकारी लाकर उन्हें दें। विभिन्न व्यवसायों से संबंधित साहित्य समय-समय पर प्रकाशित होता रहता है, आपको जैसे ही इसकी जानकारी मिले, बच्चों को इस प्रकार का साहित्य सुलभ कराएं। यदि कोई स्थानीय संस्था बच्चों की इस प्रकार की अभिरुचियों में रुचि रखती है, तो इसकी जानकारी भी बच्चों को दें और बच्चे को उस संस्था से जोड़ें। उसकी सदस्यता दिलाएं। इससे जहां आपके बच्चों का सामाजिक परिचय क्षेत्र बढ़ेगा, वहीं उसकी अभिरुचियों को भी नई दिशा मिलेगी और वह भी इस विषय में आगे बढ़ने के लिए प्रयास करेगा।

कुछ हॉबी ऐसी होती हैं जिन्हें अपनाकर बच्चों की सोच तो विकसित होती ही है, साथ ही साथ वे अपने परिवार की आय में भी वृद्धि कर सकते हैं। आंगन बाड़ी का फैशन आजकल बहुत प्रचलित है। लोग छतों पर भी सब्जियां आदि उगाने लगे हैं। यदि आपके पास साधन हैं और बच्चों में इस विषय में जरा भी रुझान है तो उसे प्रोत्साहित करें और बागवानी, मुर्गी पालन, बकरी पालन अपनाकर अपने उत्पादन को बेचकर परिवार के लिए आय का एक अतिरिक्त साधन भी जुटा सकते हैं। फूलों की खेती का चलन बढ़ रहा है, इसे आप चाहे जिस स्तर पर कर सकते हैं।

हॉबी एक ऐसा व्यवहार है जिसे बच्चे जिंदगी भर सीखते रहते हैं। किसी भी साधन से अथवा किसी भी वस्तु से जब बच्चा सीखने की इच्छा रखता है तो वह जीवन के प्रत्येक क्षेत्र में सफलता की ओर बढ़ता है। इस विषय में बच्चे दृढ़ निश्चय के साथ नित्य नई-नई हॉबी अपनाएं, सीखें और हॉबी के मार्ग में आने वाली कठिनाइयों को दूर करें। इस विषय में सतत प्रयास ही उन्हें नित्य नई सफलता देंगे और फिर जीवन में उन्हें कोई भी कार्य कठिन नहीं लगेगा। पूर्ण सोच-समझ कर दक्षता के साथ बनाई गई भावी भविष्य की योजनाएं उन्हें नित्य नई सफलताएं देंगी। वास्तव में यह सब हॉबी की ही देन होगी। इसलिए बच्चों की इस सोच को केवल प्रोत्साहन दें।

जिस प्रकार से मशीन के लिए तेल-पानी की आवश्यकता होती है, उसी प्रकार से हॉबी के रूप में पनप रहे इन संस्कारों, शौक और व्यवहारों को भी प्रोत्साहन नामक तेल-पानी की आवश्यकता है, इसमें कहीं भी कंजूसी न बरतें।

16

अभिभावकों की नज़र

बच्चों को नजर लग जाना पुरानी बात है, नई बात तो यह है कि बच्चों की हर बात अभिभावकों की नजर में रहती है। अभिभावकों की नजरों में तैरती बच्चों की इच्छाएं, भावनाएं, कमजोरियां, हीनताएं और सपने... फिर बच्चे बचकर कहां जाएंगे ?

कक्षा के बाहर सारी लड़कियों का ध्यान बाहर खड़ी रमा की ओर गया। उसे बाहर खड़ी देखकर मैडम ने उपेक्षित भाव से पूछा, क्यों आज फिर देर कर दी। इतनी-इतनी देर तक सोती रहती हो, जरा जल्दी उठा करो, रोज तुम्हें स्कूल आने में देर हो जाती है...। वह निरीह-सी भोली बड़े स्वाभाविक तरीके से बोली, मैडम मैं तो पांच बजे ही उठ जाती हूं लेकिन मेरी मम्मी लेट उठती हैं, इसलिए मुझे स्कूल आने में देर हो जाती है।

एक अन्य अवसर पर एक लड़के के बस्ते में बीड़ी के टुकड़े देख, उसके काले पड़ते हुए होंठों से मेरी जिज्ञासा बलवती हो उठी। सच्चाई की तह तक जाने के लिए मैंने स्नेहासिक्त प्रभाव में लेकर बच्चे से पूछा, तो उसने बताया कि पिता जी द्वारा मंगाई बीड़ियों में से दो-एक बीड़ी छिपा लेता हूं और अब मुझे भी बीड़ी पीने की आदत हो गई है।

बच्चों पर अभिभावकों का पड़ता प्रभाव इस बात का प्रमाण है कि अबोध बच्चे पर परिवार की अवांछित गतिविधियों का प्रभाव पड़ता है। बच्चों के प्रत्येक असामाजिक कार्य पर अभिभावकों की परछाईं पड़ती है, जो बाद में बच्चों की आदत, कमजोरी और दोष बन उसके व्यक्तित्व का अंग बन जाती है।

सुसमायोजित बच्चा हर घर की इच्छा होता है। अभिभावकों की अपेक्षा होता है। अभिभावक यदि बच्चों को समझकर उनके व्यक्तित्व विकास में रुचि लें तो बच्चों

की बहुत-सी समस्याओं का हल किया जा सकता है। अभिभावक ने जैसे ही अपने बच्चे की प्रगति के बारे में एक शिक्षक से पूछा तो उसे बड़ा आश्चर्य हुआ, जब शिक्षक ने कहा, ''लेकिन आपका दीपू तो दो-तीन महीने से स्कूल आ ही नहीं रहा...।''

दीपू के संबंध में अध्यापक की यह शिकायत सुनकर अभिभावक के तो जैसे होश ही उड़ गए। अपने आपको संभालते हुए बोला, ''सर, उसे तो मैं प्रतिदिन स्कूल भेजता हूं, अभी कल ही तो उसके हाथ फीस भी भेजी है। वह तो घर से स्कूल के लिए प्रतिदिन तैयार होकर आता है और छुट्टी के बाद ही घर पहुंचता है.. आप यह क्या कह रहे हैं...।''

''मैं जो कह रहा हूं ठीक कह रहा हूं, मैंने कल ही इसके संबंध में आपको सूचना भेजी है...।''

अभिभावक क्या कहता, एक अव्यक्त क्रोध, खीझें, उत्तेजना, आत्मग्लानि का भाव उसके चेहरे पर उभरा और बोझिल मन बच्चे के बारे में न जाने क्या-क्या सोचने लगा।

वास्तव में यह किसी एक अभिभावक की व्यथा-कथा नहीं बल्कि हमारे सामाजिक और पारिवारिक परिवेश में ऐसे अनेक दीपू, आशीष, राम, श्याम हैं जो उचित देख-रेख, संरक्षण और अभिभावकों की नजर में न होने के कारण बिगड़ रहे हैं। मार-पीट कर अभिभावक बच्चों को सुधारना चाहते हैं, लेकिन बच्चे सुधरने के स्थान पर और बिगड़ते जाते हैं, क्योंकि मार-पीट करने से बच्चे बिल्कुल नहीं सुधर सकते।

बच्चों पर नजर रखने से तात्पर्य केवल इतना ही है कि आप बढ़ते किशोर बच्चों की आवश्यकताएं जानें, उन्हें अपने स्तर पर पूरा करें और उनके कार्य-व्यवहार और सोच में जहां भी कुछ असामान्य होता देखें उन्हें वहीं रोक दें। उन्हें हतोत्साहित करें। उन्हें उस कार्य के संभावित दुष्परिणामों से अवगत करा दें। यह तो आप जानते ही हैं कि बच्चों को ऐसे कार्यों की प्रेरणा घर से ही मिलती है। घर और वातावरण ही उसे ऐसे कार्यों के लिए प्रेरित करता है। इसलिए आप घर के वातावरण को कभी भी बोझिल और तनावपूर्ण न बनने दें। यह भी ध्यान रखें कि परिवार के सभी सदस्य परस्पर में विश्वास, आत्मीयता, स्नेह, सहयोग और सद्भावना का व्यवहार करें। छल-कपट के द्वारा एक-दूसरे को नीचा दिखाने की सोच न पालें। परस्पर संबंधों में कहीं भी अविश्वास, खिंचाव और तनाव पैदा न होने दें।

बच्चों पर नजर रखने का आशय यह भी है कि बच्चे बाहरी वातावरण से किस प्रकार प्रभावित होते हैं, इसका भी ध्यान रखें। बच्चा अपने जेब खर्च का क्या उपयोग कर रहा है? किस पर कर रहा है आदि बातें भी जानें। यदि बच्चा अपने जेब खर्च का सही उपयोग कर रहा है और उसे अपनी इन आवश्यकताओं के लिए और पैसे की आवश्यकता होती है तो आप उसे पूरा करें, ताकि उसकी अभिरुचियों का विकास हो सके। उसमें हीनता न आए। यदि बच्चे अपने जेब खर्च का उपयोग चाट-पकौड़ी, बीड़ी-सिगरेट जैसे कार्यों में कर रहे हैं तो आप ध्यान दें। उन्हें पान-मसाले, तम्बाकू जैसी वस्तुएं न लेने दें। अच्छा हो यदि आप अपने बच्चों को इन वस्तुओं के कुप्रभावों से परिचित करा दें। ध्यान रखें कि यदि बच्चों को इस उम्र में ही अपने भले-बुरे का ज्ञान हो जाता है, तो वे फिर इन बातों पर हमेशा ध्यान रखेंगे। यदि आपको यह ज्ञात हो जाए कि बच्चा आपके दिए हुए जेब खर्च का उपयोग किसी गलत काम के लिए कर रहा है तो उसे पैसा देना बंद कर दें। इससे जहां उसकी आदतों में सुधार आएगा वहीं वह यह भी समझेगा कि कोई नजर उस पर है।

बच्चों पर नजर रखने का सर्वोत्तम साधन और माध्यम उसकी स्कूली गतिविधियों पर नजर रखना है। आप विद्यालय के शिक्षकों-शिक्षिकाओं एवं बच्चों के मित्रों के माध्यम से बच्चों की इन गतिविधियों से अवगत हो सकते हैं। यहां हमारा आशय बच्चों के कामों की जासूसी करना बिल्कुल नहीं है। इस प्रकार की नजर से आशय केवल इतना ही है कि बच्चों की इच्छाएं, अपेक्षाएं, रुचियां, प्रगति और समस्याएं जानना है। बच्चों के व्यक्तित्व में आए गुण-दोषों को जानना है। किसान भी फसल के समय उसमें उग आए अनावश्यक घास-फूस को निकाल बाहर फेंकता है ताकि फसल को पूरा-पूरा पनपने का अवसर मिले। इस क्रम में जब भी आपको बच्चे के व्यक्तित्व विकास पर भारी पड़ता कोई दोष पता चले तो प्रत्यक्ष में स्वयं बच्चे से चर्चा करें। उसके सहायक बनें। उसे सीधे रास्ते पर लाने के लिए तीसरा नेत्र दिखाएं। उसे संरक्षण प्रदान करने के लिए उसके सहयोगी बनें। मार-पीट करने से बच्चों में सुधार नहीं होता है बल्कि वे विद्रोही, जिद्दी हो जाते हैं। घर और परिवार के प्रति उसमें आकर्षण कम होने लगता है।

कुछ परिवारों में अति व्यस्तता के कारण बच्चे उपेक्षित हो जाते हैं। अभिभावकों को समय ही नहीं मिलता कि वे बच्चों की इच्छाएं जान सकें। उनकी समस्याएं सुन सकें। विशेषकर लड़कियों के दिल पर इस प्रकार की उपेक्षा का गहन प्रभाव पड़ता है। एक तो वैसे ही वे संवेदनशील और भावुक होती हैं, उस पर यदि उन्हें अभिभावकों का स्नेह भी न मिले तो उनका मानसिक विकास कुंठित होता है।

वे शीघ्र ही दूसरों की बातों में आकर दूसरों पर विश्वास करने लगती हैं और इस प्रकार की सोच के कारण वे चाहे जब ठगी जाती हैं। अभिभावकों को बच्चों की समस्याओं का तब पता चलता है जब समस्या सिर से ऊपर हो जाती है।

महानगरों में जहां युवा लड़के-लड़कियों को संपर्क के कई अवसर मिलते हैं, वहां एक दूसरों की भावनाओं से खेलना एक आम बात बनती जा रही है। ऐसे स्थानों पर अभिभावकों की नजर जब अपने बच्चों के काले पड़ते होंठों, निस्तेज पीली आंखों, देर तक सोते रहना, किसी से न बोलना, न बातचीत करना, न नहाना, न हंसना, न खाना आदि पर पड़ती है तो आपको समझ लेना चाहिए कि बच्चा ड्रग्स लेने लगा है। आशय यह है कि आप अपने किशोर बच्चों के ऐसे व्यवहारों को अनदेखा न करें।

व्यस्तता अभिशाप नहीं और न ही आप इतने व्यस्त बनें कि आपको अपने बच्चों का भी ख्याल न रहे। वास्तव में अपने किशोर बच्चों के लिए कुछ समय अवश्य निकालें। बच्चों की प्रत्येक कठिनाई में उसके सहयोगी बनें। महिलाएं अपनी युवा बेटी की सहेली बन उसके दिल की बातें सुनें, समझें। उसकी आंखों में तैरते लाल डोरों को देखें। बच्चों को उसके मित्रों के साथ खेलने, पढ़ने, घूमने के पर्याप्त अवसर दें। इस क्रम में यह अवश्य देखें कि आपके बच्चों के मित्र समान आयु के, समान आर्थिक और सामाजिक स्तर के हों। लड़कियों को उनकी हमउम्र सहेलियों के साथ ही बाहर आने-जाने दें।

बच्चों में निहित क्षमता, प्रतिभा और योग्यता को विकसित होने के अवसर प्रदान करें। यदि बच्चों की अभिरुचि किसी कलात्मक व्यवसाय में है तो उससे संबंधित प्रशिक्षण अथवा उच्च योग्यता दिलाने में उन्हें सहयोग दें, अपनी ओर से यह भी प्रयास करें कि विषय से संबंधित नई-नई जानकारी आप बच्चों को दिलाएं, इससे संबंधित साधन जुटाएं।

बच्चों की निष्क्रियता के लिए, असफलताओं के लिए अथवा हीनताओं के लिए हमेशा उन्हें डांटते रहना, उन्हें मूर्ख, निकम्मा, अयोग्य और 'काम का न काज का' कहना उचित नहीं। बच्चों को हमेशा व्यस्त रखने के लिए पर्याप्त साधन और सुविधाएं जुटाने की आवश्यकता है। बच्चों की योग्यता के संबंध में किसी पूर्वधारणा के कारण उसमें अविश्वास न जताएं।

बच्चों को यह विश्वास होना चाहिए कि उनके प्रत्येक अच्छे-बुरे काम की जानकारी उनके अभिभावकों को मिल जाती है, इसलिए आप यह जानकारी रखें कि वह क्या

कर रहा है? इससे जहां बच्चों का मनोबल बढ़ेगा, वहीं वह वर्जित व्यवहारों, कामों को भी नहीं करेगा।

बच्चों में अपनी कमियां छिपाने की आदत होती है, आप यह ध्यान रखें कि वे आप से अपनी कमजोरियां न छिपा सकें, क्योंकि कमजोरियां छिपाने के लिए वे एक के बाद दूसरी गलती करते जाएंगे और अंत में वे अपनी ही बनाई समस्याओं में फंस जाएंगे। कमजोरी प्रकट हो जाने का भय उन्हें भीरु, दब्बू और एकाकी बनाता है। कभी-कभी तो वह अपनी इस कमजोरी के कारण अन्य बच्चों के हाथ ब्लैकमेल भी हो जाता है। रैगिंग के कारण वह नए स्थानों पर समायोजित ही नहीं हो पाता। अभिभावकों को चाहिए कि वे बच्चों की किसी कमजोरी को तूल न दें, बल्कि उनमें आत्मविश्वास पैदा करें ताकि वे अपनी कमजोरियों से मुक्त होने की व्यावहारिक सोच पाल सकें।

फैशन, दिखावा, फिजूलखर्ची, शेखी, अपव्यय आदि ऐसे व्यवहार हैं, जो बच्चों पर शीघ्र प्रभाव डालते हैं। अतः आप बच्चों की मूल प्रवृत्तियों का अध्ययन कर उनका मनोवैज्ञानिक आधार मजबूत करें। गलत संस्कारों का शमन कर उन्हें रचनात्मक दिशा दें और बच्चों की रुचियों में शोधन कर उन्हें सामाजिक और पारिवारिक अपेक्षाओं के अनुरूप बनाएं।

बच्चे वही बनते हैं जो आप चाहते हैं, उनके वर्तमान और भविष्य को सुखद, सुनिश्चित आधार दें। श्रम की महत्ता, स्वयं काम करने में तत्परता, समय का सदुपयोग, सहयोग, सहायता, उदारता आदि ऐसे आचरण हैं जो आप बच्चों में डाल सकते हैं। बच्चे आपकी नजरों में अपना भविष्य देखें। आपका सहयोग, स्नेह और संरक्षण उन्हें वह भविष्य दे जो आपकी नजरों में है, तभी बच्चा आपके प्रति सदैव कृतज्ञ बना रहेगा।

17

बच्चों का स्कूल से भागना

> पेड़ से गिरा पत्ता और स्कूल से भागा बच्चा पतन का पर्यायवाची तो नहीं है, लेकिन हां, पतन का लक्षण अवश्य है।

जैसा कि बाल अपराधों के कारणों में स्पष्ट कर दिया गया है कि बाल अपराधों का सबसे प्रमुख कारण बच्चे का स्कूल से भागना है। अभिभावकों व संरक्षकों को यह समझ लेना चाहिए कि जैसे बच्चे का संतुलित विकास मां की गोद में होता है, उसी प्रकार से स्कूल से भागा बच्चा सीधा अपराधों की गलियों में शरण पाता है।

एक अभिभावक ने आखिर तंग आकर प्राचार्य से शिकायत की, ''सर अजय को बहुत मार-पीट कर देख लिया, लेकिन उस पर कुछ असर ही नहीं होता। दिन-ब-दिन ढीठ होता जा रहा है। अब तो आप ही कुछ करें...।''

यह एक अभिभावक की शिकायत नहीं, दिल्ली और महानगरों के स्कूलों की ही नहीं, अन्य छोटे शहरों, कस्बों यहां तक कि गांव-गांव तक के बच्चों में यह प्रवृत्ति दिनों-दिन बढ़ती जा रही है। प्राथमिक और माध्यमिक कक्षाओं में पढ़ने वाले बच्चों के अधिकांश अभिभावकों की यह शिकायत हो गई है। आज स्कूलों में पढ़ने वाले तीस से चालीस प्रतिशत बच्चे इस रोग से पीड़ित हैं। उनके स्कूल से भागने के कारण उनमें अन्य अनेक प्रवृत्तियां पैदा हो रही हैं। इन उभरती हुई नई-नई प्रवृत्तियों से शिक्षक, अभिभावक और पुलिस प्रशासन चिंतित है। किशोर बच्चों में बढ़ती हुई इस प्रवृत्ति के कारण अनुशासनहीनता, युवा वर्ग में बढ़ती नशे की प्रवृत्ति, अपहरण की घटनाओं में अप्रत्यक्ष रूप से वृद्धि हुई है।

स्कूल से भागने की प्रवृत्ति को बाल जीवन के विनाश अथवा पतन की प्रथम सीढ़ी कहा जा सकता है। पेड़ से गिरा पत्ता और स्कूल से भागा बच्चा पतन का पर्यायवाची

तो नहीं है, लेकिन हां, पतन का लक्षण अवश्य है। इस आदत के पड़ जाने से अनेक बुराइयां, गलत आदतें अपने आप पैदा हो जाती हैं। ये बुराइयां जहां बच्चे के व्यक्तित्व और प्रतिभा को प्रभावित करती हैं, वहीं बच्चा छात्र जीवन के अन्य पक्षों और आनंद से वंचित रह जाता है। स्कूल से भागकर बच्चा अपना सारा समय इधर-उधर भटक कर व्यतीत करता है। भटकने का यह समय ही उसे मानसिक रूप से बोझिल, नीरस और विद्रोही बनाता है। उसका मन पढ़ने-लिखने से हटकर फालतू बातों में भटकने लगता है। दिग्भ्रांत, चंचल मन जिसे रचनात्मक सोच में पड़ना चाहिए था, निर्माण और चिंतन में पड़ना चाहिए था, वह कुंठित हो जाता है। तोड़-फोड़ में संलग्न ऐसे बच्चों में हमेशा असंतोष पैदा होने लगता है।

स्कूल से भागने के बाद उसका जो समय विद्यालय में व्यतीत होना चाहिए था, वह स्कूल से दूर व्यतीत होने लगता है। कुछ ऐसे बच्चे भी होते हैं जो पूरा दिन गोल नहीं करते, बल्कि कोई एक निश्चित समय अथवा पीरियड गोल करते हैं और फिर स्कूल में आ जाते हैं। यह निर्विवाद रूप से कहा जा सकता है कि वे चाहे एक पीरियड वाले हों अथवा पूरा समय वाले हों, मानसिक रूप से एक जैसे ही होते हैं। ग्रामीण पाठशालाओं के बच्चे भी इस प्रवृत्ति से अप्रभावित नहीं हैं। अंतर केवल इतना है कि ग्रामीण पाठशालाओं के बच्चे स्कूल से भाग कर पास के खेतों, बगीचों, तालाबों के किनारे चले जाते हैं जहां वे अपने स्कूल का समय खेलने, नहाने अथवा तैरने जैसे कार्यों में लगाते हैं, वहीं शहरी बच्चे अपना यह समय होटलों, सिनेमा, पार्कों, रेलवे स्टेशनों आदि पर व्यतीत करते हैं। पाठशालाओं से भागना उनके व्यक्तित्व के विकास में बाधक अवश्य होता है।

किशोरावस्था के लड़के इस प्रवृत्ति से अधिक प्रभावित होते हैं। स्कूल से भागने की प्रवृत्ति कक्षा-3 से प्रारंभ होती है और जैसे-जैसे कक्षाएं बढ़ती जाती हैं वैसे-वैसे इनका उत्तरोत्तर विकास होता जाता है। कक्षा-8, 9 तक पहुंचते-पहुंचते यह प्रवृत्ति अपनी चरम सीमा पर पहुंच जाती है। फिर बड़ी कक्षाओं में इस प्रवृत्ति का ह्रास होने लगता है, लेकिन तब तक तो कई बच्चे पटरी से उतर चुके होते हैं। पढ़ाई में पिछड़ जाने के कारण स्कूल छोड़ चुके होते हैं। जैसा कि बताया जा चुका है कि स्कूल से भागने वाला बच्चा घर नहीं जाता। वह सिनेमा आदि के पोस्टर देखने, क्रिकेट खेलने, होटलों में चाय पीने आदि में अपना समय व्यतीत करता है। कभी-कभी ताश खेलने अथवा अन्य प्रकार के जुए खेलने, लाटरी के टिकट खरीदने में संलग्न रहता है या फिर बगीचों, पार्कों आदि में लेटकर कुछ रहस्य, रोमांच की बातें करने, फिल्मी पत्र-पत्रिकाएं पढ़ने आदि में व्यतीत करता है। यदि बच्चा पुराना भागने वाला होगा तो वह अन्य बुरी आदतों में पड़ जाएगा। हो सकता है उसका यह समय चोरी आदि में व्यतीत हो।

स्कूलों से भागने वाले लड़के कई-कई गुटों में विभाजित होते हैं। चोर-चोर मौसेरे भाई होते हैं। इससे उनका यह समय बड़ी सरलता से कट जाता है। न स्कूल का भय, न होमवर्क की शिकायत, न समय का बंधन, बस स्वतंत्रता ही स्वतंत्रता। उन्मुक्त, ऊंची कल्पनाओं की उड़ान उड़ने के लिए स्वतंत्र स्कूल से भागे हुए लड़कों का यह अतिरिक्त समय अपने अन्य साथियों के साथ व्यतीत होता है, इसलिए इस अतिरिक्त समय में उन्हें कुछ खर्च भी करना पड़ता है। होटल, सिनेमा, वीडियो गेम्स, चाय, धूम्रपान, तंबाकू आदि की लत बच्चे यहीं से सीखते हैं। इस बढ़े हुए जेब खर्च को पूरा करने के लिए बच्चा झूठ का सहारा लेता है। फीस में हेरा-फेरी करना सीखता है। दुकान से पैसे मारता है, घर की वस्तुओं को सस्ते दामों में बेचता है। बाल्यकाल की ये आदतें ही समझ आ जाने के बाद भी बनी रहती हैं, जिससे बच्चों में अपव्यय की आदत आ जाती है। वे रुपयों को उड़ाना, खाना सीख जाते हैं। जब कभी भी उनके हाथ में कहीं से बड़ी रकम आ जाती है, तो वे इस रकम को ठिकाने लगाने के उद्देश्य से घर से भाग जाते हैं। ग्राम के बच्चे शहर की ओर और शहर के बच्चे महानगरों की ओर भागते हैं। कभी-कभी ऐसे बच्चे मां-बाप का विश्वास खो कर घर से भी रुपए चोरी करके ले जाते हैं।

बच्चों का स्कूल से भागने का प्रमुख कारण शिक्षकों का रुचि न लेना है। बच्चों के प्रति शिक्षकों की बढ़ती यह अरुचि और उदासीनता उन्हें स्कूल से दूर करती है। अभी हाल ही में एक शैक्षणिक सर्वेक्षण से यह पता चला है कि जिस अनुपात से जनसंख्या बढ़ रही है उस अनुपात से स्कूल जाने वाले बच्चों की संख्या में वृद्धि नहीं हुई है। सरकारी स्कूलों की ओर लोगों का रुझान बिल्कुल नहीं है। सरकारी स्कूल आकर्षणहीन हो रहे हैं। हमारी पाठशालाओं में वह आकर्षण नहीं रहा जो बच्चों को अपनी ओर आकर्षित कर सके। नई-नई प्राइवेट संस्थाएं खुल रही हैं, जो फीस के नाम पर अच्छी-खासी वसूली कर रही हैं। ऐसी संस्थाओं में कुछ चुने हुए परिवारों के बच्चे ही प्रवेश ले पाते हैं, शेष सारे बच्चे तो सरकारी स्कूलों में ही आते हैं। हमारे देश में ऐसे स्कूल भी हैं जहां खेल का मैदान नहीं है, बगीचा नहीं हैं। वास्तव में ये कुछ ऐसे कारण हैं जिन्हें अनदेखा नहीं किया जा सकता है।

अधिकांश अभिभावक अपने व्यस्त जीवन में थोड़ा-सा समय भी बच्चों की ओर नहीं दे पाते। वे बच्चों की स्कूली और निजी आवश्यकताओं से परिचित नहीं हैं। कामकाजी महिलाएं सुबह से शाम तक काम ही काम में कुछ इस प्रकार से जुटी रहती हैं कि उन्हें अपने बच्चों और विशेषकर किशोर बच्चों की ओर देखने का समय ही नहीं मिलता।

स्कूल से भागने वाले बच्चों के संदर्भ में शिक्षकों, अभिभावकों को पूर्ण रुचि लेनी चाहिए। बच्चों के संबंध में उनके द्वारा ली गई रुचि ही बच्चे का सही पथ प्रदर्शन कर सकती है। शिक्षकों को चाहिए कि वे स्कूल से भागने वालों तथा पढ़ाई में पिछड़े, पीछे की बेंचों पर बैठने वाले लड़कों की सूची बनाएं और उनके अभिभावकों से संपर्क कर उन पर नजर रखें। ऐसे बच्चों को विशेष संरक्षण और स्नेह की आवश्यकता होती है। ऐसे बच्चे अपनी समस्याएं आप व्यक्त करें, वे डरें नहीं। ऐसे बच्चों को चाहिए कि वे स्कूल को अपनी हितैषी संस्था मानें, शिक्षकों को अपना मित्र, शुभचिन्तक और संरक्षक मानें। उन्हें अपनी कठिनाई बताएं।

स्कूल से भागने वाले बच्चे शीघ्र ही कुछ गलत लोगों के संपर्क में पहुंच जाते हैं। ये गलत हाथ कुछ ऐसे असामाजिक तत्त्व भी हो सकते हैं जो बच्चों का उपयोग तस्करी, मादक पदार्थों की बिक्री जैसे कामों के लिए करते हैं। इससे अपराधों की कड़ी इतनी मजबूत हो जाती है कि इससे समाज में कानून और व्यवस्था की अनेक नई समस्याएं पैदा हो जाती हैं। वे बच्चे जिनसे हम घर रोशन करना चाहते हैं, असामाजिक तत्त्वों के हाथों में पड़कर कई घरों को अंधेरे में डुबा देते हैं। अतः बच्चे इस दिशा में जाएं इससे पहले ही हमें इस विषय में पूर्ण सतर्कता और जागरूकता बरतने की आवश्यकता है।

बच्चों से जुड़ी इस समस्या के लिए शिक्षकों, अभिभावकों को अपने नैतिक और सामाजिक दायित्वों के प्रति जागरूक होना चाहिए। उनकी जरा-सी उदासीनता बच्चों का भविष्य अंधकारमय बना सकती है। शिक्षकों को चाहिए कि वे इस विषय में खुली दृष्टि से बच्चों की व्यक्तिगत समस्याओं और कठिनाइयों को जानें, उन्हें पूरा-पूरा संरक्षण और स्नेह देकर अपनी सीमा में पूरा करें। उनकी मनोवैज्ञानिक कमियों को जाने बिना उन्हें मारना-पीटना उनके साथ अन्याय होगा। वास्तव में इस प्रकार की प्रताड़ना उन्हें स्कूल से दूर करती है। बच्चों को पर्याप्त जेब खर्च दें, इस बात का भी ध्यान रखें कि बच्चे अपने इस जेब खर्च का उपयोग अपनी रुचियों के विकास में करें।

विद्यालयों में होने वाली मासिक, वार्षिक बैठकों में बच्चे अधिक से अधिक हिस्सा लें। ऐसे अवसरों पर वे अपने बच्चों की प्रगति की रिपोर्ट लें और उससे संतुष्ट हों। यदि प्रगति संतोषजनक नहीं है तो बच्चे को विश्वास में लेकर उसकी कठिनाइयों को हल करें।

कभी-कभी कक्षा के कुछ बड़े बच्चे कक्षा में अपनी दादागीरी का व्यवहार करते हैं। अपने से छोटी उम्र के बच्चों को मारते, पीटते अथवा परेशान करते हैं। बड़ी कक्षाओं

में यही व्यवहार रैगिंग के रूप में सामने आता है। यद्यपि ये बातें प्राचार्य और शिक्षकों की नजर में आ जाती हैं, लेकिन ऐसे बच्चों को कुछ अनुचित संरक्षण के कारण उनमें पर्याप्त सुधार नहीं आता। ऐसे बच्चों से छोटी उम्र के नए बच्चों को पूरा-पूरा संरक्षण मिलना चाहिए ताकि वे स्कूल से न भागें। अभिभावक भी इस बात के लिए आश्वस्त हों कि उनके बच्चे को किसी प्रकार की असुरक्षा की भावना तो नहीं सताती।

कुछ बच्चों को किसी विषय विशेष को पढ़ने में कठिनाई आती है अथवा उसकी रुचि उस विषय विशेष में नहीं होती अथवा किसी विषय विशेष का होमवर्क पिछड़ जाता है अथवा घर पर उन्हें होमवर्क कराने वाला कोई नहीं होता, इसलिए वे अध्यापक की प्रताड़ना अथवा दण्ड के भय से स्कूल से भाग जाते हैं। बार-बार भागने से कोई उस विषय विशेष में पिछड़ तो जाता है साथ ही अन्य विषयों में भी कमजोर हो जाता है और वह सब बातों की एक दवा के रूप में स्कूल से भाग जाना ही उचित समझता है। ऐसे बच्चे शीघ्र ही फेल हो जाने पर अपनी पढ़ाई बीच में ही छोड़कर अभिभावकों पर बोझ बन जाते हैं।

कुछ बच्चे अपने किसी शारीरिक दोष, पढ़ाई में पिछड़ेपन, जातीय हीनता अथवा अन्य किसी हीन भावना से ग्रसित होकर भी अपने आपको दूसरों के सामने छोटा, हीन, कमजोर, समझने लगते हैं, इसलिए भी वे अन्य साथियों के साथ घुलमिल नहीं पाते, बात करने में घबराते हैं, अकेले रहते हैं और अपने इस अकेलेपन के लिए स्कूल से भागते हैं। अधिकतर ग्रामों से शहरों में आए बच्चों के साथ यही होता है। इसी प्रकार से छोटे शहरों और कस्बों से आए बच्चे भी इसी रोग के शिकार होते हैं। ऐसे बच्चों को शिक्षकों का पूर्ण संरक्षण मिलना चाहिए, बच्चों के मन में यह विश्वास पैदा हो जाना चाहिए कि कक्षा के सब बच्चे बराबर हैं और सब को आगे बढ़ने के अवसर प्राप्त होते हैं। वास्तव में इस प्रकार की प्रेरणा पाकर बच्चे स्कूल से जुड़ेंगे और उन्हें स्कूल में ही अच्छा लगने लगेगा।

समग्र रूप से इस बात को ध्यान में रखें कि बच्चा वह चाहे किसी भी आयु का क्यों न हो, स्कूल से भागने की सोच मन में न पाले, क्योंकि स्कूल से भागने के बाद उसका भविष्य अंधकारमय हो जाएगा और फिर अभिभावकों के प्रयास भी उसे अपेक्षाओं के अनुकूल नहीं बना सकेंगे।

18

जब बच्चे स्कूल से वापस आएं

> बच्चा जब स्कूल से वापस आता है तो उसमें विजेता होने जैसा गर्व होता है। इस गर्व को बनाए रखने के लिए आवश्यक है कि आप उसके इस गर्व को बनाए रखें ताकि स्कूल से प्राप्त किया हुआ अनुभव, शिक्षा, सीख, ज्ञान उसे प्रेरित करता रहे और वह दिन-भर ज्ञान की इस सुगंध से महकता रहे।

क्या आपने कभी प्राथमिक अथवा माध्यमिक स्कूल के बच्चों की स्कूल से छुट्टी होते देखी है? यदि हां तो आपने उनका वह उत्साह भरा शोर, बस्ता लेकर घर की ओर भागने की उत्सुकता, दौड़ना भी अवश्य देखा होगा। आजकल लगभग सभी स्कूलों में आने-जाने के लिए बसों अथवा निजी वाहनों की भीड़ होती है, इसलिए भले ही इस प्रकार के दृश्य अब कम दिखाई देते हों, लेकिन यहां आशय यह है कि बच्चे स्कूल से छुट्टी होने पर बड़े उत्साही और प्रसन्न होते हैं। वे स्कूल से सीधा घर आते हैं, वे घर जहां उन्हें मनोवैज्ञानिक संरक्षण तो मिलता ही है, मानसिक संतुष्टि भी मिलती है। घर के प्रति उसका यह आकर्षण इस बात का प्रतीक है कि बच्चे अपनी स्कूली दिन की सफलताओं से आपको परिचित कराना चाहते हैं। जब बच्चा स्कूल से वापस आता है तो उसमें विजेता होने का गर्व होता है। इस गर्व को बनाए रखने के लिए आवश्यक है कि आप उसके इस गर्व को बनाए रखें, ताकि स्कूल से प्राप्त किया हुआ अनुभव, शिक्षा, सीख, ज्ञान उसे प्रेरित करता रहे और वह दिन भर ज्ञान की इस सुगंध से महकता रहे। यह सब तभी संभव है जब आप बच्चे के स्कूल से वापस आने पर उसका हंसकर स्वागत करें।

ध्यान यह रखें कि बच्चा जब भी स्कूल से पढ़कर वापस आए, आप उसे घर पर ही मिलें। आपको घर पर पाकर, आपकी ममता भरी मुस्कान पाकर वह अपनी सारी

थकान भूल जाता है। पढ़ने-लिखने, दौड़ने, चिंतन करने में उसे जो शारीरिक और मानसिक थकान का आभास होता है, उसकी जो मानसिक शक्ति खर्च होती है, उसकी पूर्ति आपकी मुस्कान से ही संभव हो पाती है। अतः बच्चों को उसकी इस थकान से मुक्ति दिलाने के लिए आप दरवाजे पर ही उसका स्वागत करें। कार्य में परिवर्तन भी एक प्रकार का विश्राम होता है, इसलिए आप इस सत्य को जानें तथा स्कूल से आने के बाद बच्चे को थोड़े से विश्राम के बाद कुछ स्वल्पाहार (दूध, फलादि) दें। इससे उसमें जहां पुनः शक्ति का संचय होने लगेगा, वहीं उसमें नई स्फूर्ति और नया उत्साह आ जाएगा। वह घर के रचनात्मक कार्यों में रुचि लेने लगेगा। आप उसकी अभिरुचियों का सरलता से मूल्यांकन कर सकेंगे। इससे जहां आप उसकी प्रतिभा से परिचित हो जाएंगे, वहीं उसमें रचनात्मक कार्य के प्रति उत्साह पैदा होगा। इसके बाद बच्चों को हलका सुपाच्य भोजन दें। इस भोजन में इस बात का ध्यान रखें कि बच्चा अपने हाथों को अच्छी तरह से धोए। मुंह को साफ करे। दूध, दलिया, फल, फलों का रस, दही, दालें आदि ऐसे पदार्थ हैं, जिन्हें बच्चे बड़ी रुचि से खाते-पीते हैं। ये ही बच्चों के लिए सर्वोत्तम आहार हैं। बासी रोटी अथवा तली हुई वस्तुएं बच्चों का पेट खराब करती हैं और उन्हें दिन भर आलस्य का शिकार बनाती हैं, इसलिए उन्हें ऐसे पदार्थों से भी बचाएं। आजकल बाजार में मिलने वाले मसालेदार 'फास्ट फूड' बच्चों के लिए बहुत हानिकारक पदार्थ हैं। अतः बच्चों को इनसे बचाकर रखें। इनके अधिक प्रयोग से बच्चों को आंतों के रोग, अल्सर, कैंसर की संभावनाएं बढ़ जाती हैं। जहां तक हो सके इनका कम-से-कम उपयोग करें।

स्कूल से आने के बाद स्वल्पाहार के बाद बच्चों से स्कूल के गृहकार्य (होमवर्क) के संबंध में चर्चा करें। उन्हें उनका होमवर्क पूरा करने-कराने में सहयोग दें। यदि आप बच्चों की किसी विषयगत कमजोरी को पूरा नहीं कर पाते हैं अथवा पाती हैं, तो उन्हें इतनी सहायता अवश्य करें कि आप उनके साथ बैठें। यदि आप बच्चों की पाठ्य-पुस्तक का गंभीरता से अध्ययन-वाचन करें तो आपको उसकी विषयवस्तु भी शीघ्र समझ में आ जाएगी और आप बच्चों का होमवर्क भी सरलता से करा सकेंगे। इसी समय में आप बच्चों से उनकी स्कूल संबंधी कठिनाइयों को भी जान सकेंगे। इन कठिनाइयों के समाधान में उनसे मित्रवत व्यवहार करें। आजकल विद्यालयों में सतत मूल्यांकन प्रणाली अथवा मासिक टेस्ट प्रणाली लागू है, इस प्रणाली में मासिक मूल्यांकन के प्रावधान हैं। बच्चों को समय-समय पर इन परीक्षाओं अथवा टेस्टों के लिए तैयार करें। इससे जहां उनके मन में वार्षिक परीक्षा का भय नहीं रहेगा, वहीं वे विषयवस्तु को भी अच्छी तरह से समझ जाएंगे और उनकी प्रगति भी संतोषजनक होगी। इसी समय में आप बच्चों की डायरी का भी अवलोकन करें।

वास्तव में डायरी एक ऐसी दिव्य दृष्टि है, जिससे आप बच्चों की प्रगति का स्वयं मूल्यांकन कर सकते हैं।

बच्चों की किसी स्कूल संबंधी शिकायत अथवा निर्देश के लिए उसे स्कूल से आते ही न दबोचें, न ही उन्हें डांटना, फटकारना, बुरा-भला कहना प्रारंभ कर दें। बल्कि उस शिकायत की वास्तविकता को जानें और बच्चों को भी अपना पक्ष रखने का अवसर प्रदान करें। बच्चों की सफाई सुनें और फिर बच्चे को विश्वास में लेकर शिकायत का कोई समाधान निकालें। फिर दूसरे दिन स्कूल जाते समय उसे समझाएं कि वह स्कूल में ऐसा कोई काम न करे जिससे उसकी शिकायत हो अथवा जो लोगों को अच्छा न लगता हो। इसी प्रकार से स्कूल में घटित किसी घटना अथवा प्रसंग की चर्चा बच्चे घर में आकर करें तो उसे बड़े धैर्य, उत्साह और जिज्ञासा के साथ सुनें। यह घटना भले ही आपकी नजर में साधारण हो किन्तु उसमें रुचि लें। इससे बच्चों में आत्मविश्वास और आत्म प्रदर्शन की भावना प्रेरित होती है और उनमें अभिव्यक्ति की शक्ति बढ़ती है। अतः बच्चों के इस कार्य की प्रशंसा करें और उसे अपनी बात कहने का पूरा-पूरा अवसर प्रदान करें।

''आज मेरे सभी प्रश्न ठीक निकले, मिस ने टू स्टार दिए।'' ''आज मैडम ने मुझे 'गुड गर्ल' कहा...'' ''आज संदीप और मेरे को छोड़कर कक्षा के सभी लड़कों को सजा मिली।'' जैसी बातें अवश्य सुनें, इससे बच्चों का उत्साह बढ़ता है।

जब बच्चे स्कूल से घर वापस आएं तो उन्हें घर पर ताला लटका हुआ नहीं मिलना चाहिए। घर में ताला लगा देखकर जब वह प्रश्न भरी नजर से अपने घर को देखता है, तभी पड़ोस की चन्नी चाची यह कहती है कि तुम्हारी मम्मी पिक्चर देखने गई हैं, यह लो चाबी, खाना रखा है खा लेना, बस्ता हमारे घर रख दो और बाहर जाकर कहीं खेलो... अथवा तुम्हारी मम्मी बाजार गईं हैं, यह लो चाबी, खाना रखा है खा लेना... तुम्हारी मम्मी गीता दीदी के घर बैठने के लिए गईं हैं, एक घंटे में आएंगी... जैसी बातें स्कूल से घर लौटे बच्चे के कोमल मन पर अच्छा प्रभाव नहीं डालतीं। वह संकोचवश अपनी आंतरिक भावनाओं को व्यक्त तो नहीं कर पाता, लेकिन उसे मां का यह व्यवहार न तो अच्छा लगता है और न ही वह कुछ कह पाता है, लेकिन मन की खीझ, क्रोध, उत्तेजना, थकान एक विद्रोह के रूप में मन में अवश्य पैदा होती है। थका हुआ भूखा बच्चा कहां खेले, किससे खेले और क्यों खेले? भूख क्रोध को और भी बढ़ा देती है। अतः घर आने पर मां पर वह अपनी सारी खीझ, उत्तेजना निकालता है, छोटे भाई-बहनों से लड़ता है, तोड़-फोड़ करता है। मोहल्ले वालों से मार-पीट करता है। दिन-भर कुढ़ता-सड़ता रहता है। यहां तक कि भूख होते हुए भी वह खाना नहीं खाता, जिद करता है, अतः बच्चों का यह

असामान्य व्यवहार ही परिवार के लिए समस्या बन जाता है। उसके संतुलित व्यक्तित्व विकास पर भी अच्छा प्रभाव नहीं पड़ता। इसलिए अच्छा हो जब बच्चे स्कूल से घर वापस आ जाएं तब ही आप बाहर जाएं। यदि इससे पूर्व आवश्यक हो तो आप ऐसी व्यवस्था करके जाएं कि घर आते ही बच्चे के हृदय पर ठेस जैसा प्रभाव न पड़े। उसे घर में कोई न कोई अवश्य मिले। उसके स्वल्पाहार के लिए कुछ न कुछ अवश्य हो, भले ही वह थोड़ा-सा ही क्यों न हो। बच्चे को ऐसा न लगे कि कोई उसे देखने वाला ही नहीं।

बच्चा यदि स्कूल से वापस आने में देर करे, तो देर से आने का वास्तविक कारण जानें। इस संबंध में उपेक्षा और लापरवाही न बरतें। उसके कारण से यदि आप संतुष्ट न हों तो बच्चों के अन्य मित्रों से पूछताछ करें। इस पूछताछ में बच्चों को यह अनुभव भी न होने पाए कि आप उस पर अविश्वास कर रहे हैं।

बच्चे जब स्कूल से वापस आते हैं तो वे अपने स्तर पर एक बड़ा काम कर के आते हैं। आप भी उसके इस कार्य से संतुष्ट हों। जब आप उसकी अपेक्षाओं के अनुसार उसे विश्वास, स्नेह देते हैं तो वह अवश्य ही परिवार की अपेक्षाओं को पूरा करता है। उसके समग्र व्यक्तित्व का संतुलित विकास होता है। अतः ध्यान रखें कि जब बच्चे स्कूल से वापस आएं तो उनका वैसा ही स्वागत करें जैसे वे कोई महान सफलता प्राप्त करके लौटे हों।

19

रुचियां

> *वह प्रेरक शक्ति, जो बच्चों को किसी वस्तु अथवा क्रिया के प्रति प्रेरित करती है, रुचि कहलाती है। अभिभावक बच्चों की इन रुचियों का ध्यान रखकर उन्हें उनके विकास में सहयोग दें तभी बच्चों में मौलिक प्रतिभा का विकास होगा, ये रुचियां ही बौद्धिक कुशलता भी बढ़ाएंगी। रुचियों के विकास में अभिभावकों द्वारा ली गई रुचि ही बच्चों को उत्साही बनाती है।*

बच्चों के प्रतिभा विकास में रुचि तथा अभिरुचियों का बड़ा महत्त्व है। रुचियां बच्चे के व्यक्तित्व को निर्धारित करती हैं। रुचियों का विकास ही व्यक्तित्व विकास में सहायक होता है। वास्तव में यह व्यक्तित्व विकास का आंतरिक पक्ष है। व्यक्ति की अभिव्यक्ति एक मानसिक या स्नायविक तत्परता, संगठन अथवा विन्यास है। इसमें भावनात्मक, प्रेरणात्मक, विचारात्मक तथा प्रत्यक्ष प्रक्रियाएं प्रभावित होती हैं। इनके कारण ही बच्चों की उसके पर्यावरण के प्रति सकारात्मक प्रक्रिया निर्देशित होती है। चूंकि रुचियां जन्मजात होती हैं, उनका केवल विकास होता है, इसलिए उनका निवास बच्चों के अचेतन मन में होता है। बच्चों की अभिरुचियां भिन्न-भिन्न संवेगों के साथ जुड़ी रहती हैं, इसलिए ये बच्चों की आवश्यकताओं और समस्याओं से प्रत्यक्ष संबंध रखती हैं। यह अपने आप में एक प्रवृत्ति होती है, जो ध्यान केंद्रित करने में सहायक होती है। इसलिए इसका सीधा संबंध भावनाओं से होता है, इसीलिए प्रत्येक व्यक्ति की रुचियों में अंतर पाया जाता है। रुचियों की यह विशेषता होती है कि वे स्थायी नहीं होतीं। आयु के साथ-साथ इनमें परिवर्तन होता रहता है। समय के साथ-साथ रुचियों में भी परिवर्तन होता रहता है।

शैशव काल में यदि बच्चा रंग-बिरंगे खिलौने के साथ खेलता है तो किशोरावस्था में ये खिलौने बिल्कुल अच्छे नहीं लगते। इस अवस्था में उसे कुछ करने की इच्छा

होती है। इसी प्रकार से युवा अवस्था में बच्चे की विपरीत सेक्स के प्रति रुचियां बढ़ने लगती हैं और वह इन्हीं में रुचि लेने लगता है। पत्र लिखना, चित्र देखना, रंगीन कल्पनाएं करना उसकी रुचि का हिस्सा बन जाते हैं। रुचियां विभिन्न कारणों से भी परिवर्तित होती हैं। बच्चों की उनकी रुचियों के अनुकूल व्यवहार देकर आप उसके प्रतिभा विकास में सहायक बन सकते हैं। बच्चों में निम्नलिखित रुचियां पाई जाती हैं :

खेलने की रुचि

बाल्यावस्था में बच्चों की रुचि खेलने में अधिक होती है। बच्चों के साथ खेलना ही उसे सबसे प्रिय लगता है। इस अवस्था में बच्चे अपने मित्रों के साथ ग्रुप बनाकर खेलते हैं। लड़के-लड़कियों में यह बात लगभग एक-सी होती है। लड़के चोर-सिपाही, कबड्डी, क्रिकेट खेलते हैं, तो लड़कियां गुड्डे-गुड़िया का विवाह जैसे खेलों में रुचि रखती हैं। भागना-दौड़ना उनका प्रिय खेल होता है। ग्रामीण क्षेत्रों में लड़के अपने साथी लड़कों के साथ 'आम खो', 'खो खो' जैसे खेल खेलते हैं। शहरी लड़कों में खेल के मैदान में फुटबाल, हाकी जैसे खेल खेलते हैं। क्रिकेट आजकल सबका प्रिय खेल बन गया है। खेलों का स्वरूप परिवार की आर्थिक स्थिति, सामाजिक स्थिति और सुविधाओं पर निर्भर करता है। उच्च वर्गीय बच्चों को बैडमिंटन जैसे महंगे खेल पसंद होते हैं। लड़कियां रस्सी कूद, अष्टा चंगा, कैरम आदि भी खेलती हैं। नगरों में कालोनियों की लड़कियां ताश, तम्बोला जैसे खेल भी खेलती हैं।

पुस्तक पढ़ने की रुचि या शौक

छुट्टियों में बच्चे कॉमिक्स बहुत पढ़ते हैं। बाल्यावस्था में बच्चों को रंगीन तस्वीरों वाली छोटी-छोटी कहानियां, चुटकुले पढ़ने का बड़ा शौक होता है। ये पुस्तकें पशु-पक्षियों के संबंध में हो सकती हैं, परियों की कहानियां हो सकती हैं, कुत्ते, बिल्ली, कौए आदि की कथाएं हो सकती हैं। जैसे-जैसे बच्चों की पढ़ने की शक्ति बढ़ती है, वे वीरता की कहानी-किस्से पढ़ना पसंद करते हैं। टी.वी. पर आने वाली तरह-तरह की कार्टून फिल्में देखना पसंद करते हैं। बाजार में मिलने वाली बाल पुस्तकें, बच्चों की पत्रिकाएं 'नंदन', 'चंपक', 'सुमन सौरभ', 'बाल हंस' आदि पढ़ना पसंद करते हैं। इन पत्र-पत्रिकाओं में भी बच्चे अपनी-अपनी पसंद की बातें ही पढ़ते हैं। बच्चे जहां वीरता वाली साहसी कहानियां पढ़ना पसंद करते हैं तो लड़कियां नए-नए डिजाइन की पोशाकें देखना पसंद करती हैं। लड़कियों को काल्पनिक कहानियां अच्छी लगती हैं। छोटे-छोटे गीत उन्हें बड़ी जल्दी याद हो जाते हैं। बच्चों की इस रुचि को ध्यान में रखकर उन्हें नई-नई, ज्ञान-विज्ञान की पत्र-पत्रिकाएं

पढ़ने के लिए देनी चाहिए। आजकल बच्चे विभिन्न प्रकार की प्रतियोगी परीक्षाओं की तैयारी के लिए पत्र-पत्रिकाएं पढ़ते हैं। बाल्यकाल की यह रुचि ही उन्हें प्रतियोगी परीक्षाओं के लिए तैयार करती है और वे रात-दिन नए-नए ज्ञान के लिए उच्च स्तर की पत्रिकाएं पढ़ने लगते हैं।

संग्रह संबंधी रुचि

बच्चों में विभिन्न वस्तुओं को संग्रह करने का शौक पाया जाता है। छोटे बच्चे घर के बाहर पड़ी हुई चूड़ियों के रंग-बिरंगे टुकड़े, पत्थर आदि भी संभाल कर रखते हैं। बच्चों की इस रुचि का विकास समय के साथ होता जाता है। कुछ बच्चों में विदेशी-देशी डाक टिकटें संग्रह करने का शौक होता है। कुछ माचिस के लेबल, कुछ सिक्के, कुछ राष्ट्रीय नेताओं के चित्र, कुछ फिल्मी हीरो-हीरोइन, कुछ खिलाड़ियों के चित्र आदि संग्रह करते हैं। लड़कियां तरह-तरह के गुड्डे-गुड़ियों को सजा-संवार कर रखती हैं। उन्हें विभिन्न प्रकार की पोशाकें पहनाकर सजाती हैं। बच्चों की इस रुचि का उपयोग उनमें बचत के लिए प्रोत्साहन के रूप में करना चाहिए। ताकि वे पैसे का महत्त्व समझें और पैसे का संग्रह करने की आदत उनमें इसी उम्र में विकसित हो जाए।

टी.वी. देखने में रुचि

विज्ञान की इस देन में बच्चों की बड़ी रुचि है। अधिकांश बच्चे टी.वी. पर फिल्में, सीरियल, क्रिकेट मैच, कार्टून फिल्में और दूसरे कार्यक्रम देखते हैं। बच्चों का घर में रहने पर अधिकांश समय टी.वी. देखने में व्यतीत होता है। पिछले दिनों बच्चों का सीरियल 'शक्तिमान' कुछ इस प्रकार से बच्चों को प्रभावित कर रहा था कि दूरसंचार विभाग को इसके प्रसारण पर प्रतिबंध ही लगाना पड़ा। बच्चों के अन्य अनेक सीरियल आते हैं जिन्हें बच्चे अपनी रुचि के अनुसार देखना नहीं भूलते। बच्चों की साहसी प्रवृत्ति को देखते हुए उनके अन्य प्रिय सीरियल, 'होरर शो', 'ही मैन', 'स्पाइडर मैन' आदि हैं। बच्चे 'रामायण' और 'महाभारत' भी बड़ी रुचि के साथ देखते हैं। टी.वी. की तरह कुछ बच्चे आज भी रेडियो के बड़े शौकीन हैं। फिल्में देखना भी अधिक पसंद करते हैं। जासूसी फिल्मों में बच्चों की बड़ी रुचि होती है। लड़कियां मुख्य रूप से सुखांत प्रेम कथाओं पर आधारित फिल्में ही अधिक पसंद करती हैं। फिल्मों के द्वारा सजना-संवरना, फैशन आदि में रुचि लेना उनकी प्रिय रुचि होती है। लड़के-लड़कियां पुरानी फिल्मों को पसंद नहीं करते लेकिन पुरानी फिल्मों के गीत उन्हें विशेष रूप से पसंद आते हैं और वे इन फिल्मों के गीतों के बोल अपनी कापी-किताबों में लिख लेते हैं।

भ्रमण में रुचि

भ्रमण में बच्चों की रुचि देखने को मिलती है। यह रुचि या तो वे अपने मित्रों के साथ अपने आस-पास के स्थानों को देखकर पूरी करते हैं अथवा अपने अभिभावकों के साथ पर्यटन पर जाने से पूरी होती है। स्कूल में भी उन्हें पर्यटन पर ले जाने के अवसरों पर वे बड़े प्रसन्न होते हैं। कुछ बच्चों में पर्यटन के प्रति इतनी रुचि होती है कि वे बाहर जाने का कोई भी अवसर नहीं छोड़ना चाहते। स्कूलों से बाहर जाने वाले टूर, खेल प्रतियोगिताओं आदि में बच्चे इसलिए भी बढ़-चढ़ कर भाग लेते हैं, क्योंकि इससे उन्हें बाहर जाने, खेलने के पर्याप्त अवसर मिलते हैं। पाठशालाओं से स्काउट, एन.सी.सी. आदि के कार्यक्रमों में भी बच्चे बड़े उत्साह से भाग लेते हैं। पर्यटन अथवा भ्रमण के समय बच्चों को विभिन्न धार्मिक तथा ऐतिहासिक स्थलों का भ्रमण कराना चाहिए और उन्हें उस स्थान विशेष के ऐतिहासिक, धार्मिक और औद्योगिक महत्त्व का परिचय कराना चाहिए। इससे जहां बच्चों को स्थायी ज्ञान प्राप्त होगा, वहीं उनकी रुचियों का भी शमन होगा।

इसके अलावा भी बच्चों में विभिन्न रुचियां हो सकती हैं; जैसे– प्राकृतिक दृश्यों का आकलन, खनिज पदार्थों का संग्रह, फूल-पत्तियों का संग्रह, वाद्य यंत्रों का संग्रह तथा उन्हें बजाना आदि। यदि अभिभावक बच्चों की इन रुचियों का ध्यान रखकर उन्हें उनके विकास में सहयोग देंगे, तो न केवल बच्चों की मौलिक प्रतिभा का विकास होगा बल्कि ये रुचियां ही उनमें बौद्धिक कुशलता भी बढ़ाएंगी। इसके विपरीत यदि बच्चों की रुचियों का विकास पूरा नहीं हो पाता तो वे कुंठित होने लगेंगी। रुचियों के विकास में अभिभावकों द्वारा ली गई रुचि ही बच्चों को उत्साही बनाती है।

इस विषय में अभिभावकों को यह भी ध्यान देना चाहिए कि बच्चों की रुचियां विकृत न हों। यदि कोई बच्चा दिन-रात खेल में ही व्यस्त रहता है अथवा दिन रात टी.वी. से ही जुड़ा रहता है तो निश्चित ही उसकी पढ़ाई प्रभावित होगी, उसकी आंखों पर विपरीत प्रभाव पड़ेगा और यह रुचियां ही उसके लिए अभिशाप बन जाएंगी। अतः रुचियों के लिए केवल सीमित समय, सीमित पैसा ही व्यय करना चाहिए, ताकि रुचियां बच्चों के व्यक्तित्व की खुशबू बन सकें।

20

प्रेरणा का प्रभाव

प्रेरणा व्यक्ति के अंदर का कार्य-व्यापार है, जो किसी व्यवहार को पूरा करने, लक्ष्य प्राप्ति के लिए उसे निरंतर प्रेरित करती है। इसलिए बाल जीवन में समुचित प्रेरणाएं देनी चाहिए ताकि बच्चे अपने सामाजिक व पारिवारिक जीवन में समायोजित होने लगें।

बच्चों के व्यवहार के स्वरूप को निर्धारित करने में प्रेरणा का विशेष महत्त्व है। वास्तव में प्रत्येक कार्य अथवा व्यवहार किसी-न-किसी प्रेरणा शक्ति द्वारा परिचालित होकर संपन्न होता है। प्रेरणा शब्द प्रेरक से बना है। जिस प्रकार से मशीन की गति को संतुलित बनाए रखने के लिए उसमें तेल, ग्रीस अथवा अन्य कई प्रकार के स्नेहल पदार्थों का उपयोग किया जाता है, उसी प्रकार से बच्चों के कार्यों को दिशा देने के लिए प्रेरणा का उपयोग किया जाता है। प्रेरणा शब्द अंग्रेजी के मोटीवेशन (Motivation) शब्द का पर्यायवाची है। अंग्रेजी का यह शब्द भी मूल रूप से लैटिन से प्रभावित है, लैटिन में इसका उपयोग दबाव डालने वाला या उत्तेजना शक्ति के रूप में किया जाता है। इसीलिए कहा जाता है कि प्रेरणा एक प्रकार की बाहरी शक्ति है, जो संबंधित कार्य अथवा व्यवहार को करने के लिए दबाव डालती है। चूंकि यह दबाव पूरी तरह से स्वैच्छिक होता है, इसलिए इस प्रकार के दबाव का उद्देश्य बच्चों का हित होता है।

प्रेरणा को परिभाषित करने के लिए चाहे कैसे ही शब्दों का प्रयोग किया जाए, इतना अवश्य है कि यह एक भावात्मक, क्रियात्मक कारक है, जो चेतन अथवा अचेतन लक्ष्य की सफलता के लिए प्रेरणा देता है। सरल शब्दों में हम कह सकते हैं कि प्रेरणा व्यक्ति की आंतरिक स्थिति है, जो उसे रचनात्मक सोच के लिए प्रेरित करती है।

बच्चों को प्रेरित करने के लिए अभिभावक ज्यादातर प्रलोभनों से काम लेते हैं। "अमुक काम कर दे, मैं तुझे कई टॉफी दिलाऊंगी।" "मैं तुझे बाजार ले चलूंगी...।", "अच्छा पहले तू अपना होमवर्क पूरा कर ले फिर तुझे पार्क ले चलेंगे...।" जैसा प्रलोभन पाकर अकसर बच्चे अपने कामों को पूरा करते हैं। प्रलोभन बाहरी जगत की भौतिक वस्तुओं के दिए जाते हैं, जबकि प्रेरणा का व्यक्ति के अंतर्मन से संबंध होता है। एक बच्चे को पुरस्कार मिलता है तो दूसरे बच्चे के मन में यह प्रेरणा जाग्रत होती है कि वह भी पुरस्कार पाने योग्य काम करेगा। इस प्रकार से पुरस्कार प्राप्त करने की चाह प्रेरणा बनती है और वह जीवन में उस पुरस्कार को प्राप्त कर लेने के लिए जुट जाता है। प्रेरणा प्रलोभनों की अपेक्षा अधिक स्थायी होती है। प्रेरणा व्यक्ति को जीवन-भर एक निश्चित लक्ष्य की प्राप्ति के लिए प्रेरित करती रहती है। "मैं डॉक्टर बन कर ही दिखाऊंगा...।" "मैं कॉलेज का सर्वश्रेष्ठ बच्चा बन कर दिखाऊंगा...।", "मैं इस नाटक का नायक बन सकता हूं।" जैसी प्रेरणाएं बच्चों को लक्ष्य प्राप्ति के लिए मानसिक रूप से तैयार करती हैं।

बच्चों में कार्यों को अच्छी तरह से संपन्न करने की योग्यता का विकास कराना शिक्षकों, अभिभावकों का मुख्य उद्देश्य है। इस उद्देश्य की पूर्ति के लिए अभिभावक बच्चों को कई प्रकार से प्रेरित कर सकते हैं। इस संबंध में उन्हें यह ध्यान रखना चाहिए कि सभी बच्चे किसी एक बात से प्रेरित नहीं होते। बच्चों की इच्छाएं, आवश्यकताएं, जीवन के लक्ष्य भिन्न-भिन्न होते हैं। कोई बहुत अच्छा खिलाड़ी बनना चाहता है तो कोई गायक, कोई व्यापारी तो कोई डॉक्टर, इंजीनियर। अतः बच्चों की इच्छाओं का अध्ययन और मनन करें, फिर उसे इसके लिए प्रेरित करते रहें। उन्हें इसके लिए पर्याप्त जेब खर्च देते रहें। विषय से संबंधित पुस्तकें ला कर दें। विषयगत कमजोरियों के लिए ट्यूटर की व्यवस्था करें। छोटे बच्चों को प्रेरित करते समय लंबी दूरी की बातें न करें, बल्कि उन्हें उनके अच्छे कार्यों के लिए तुरंत लाभ दें। चाहे आप उनकी प्रशंसा करें। उनकी चिर इच्छा की पूर्ति करें। अभिभावकों का इस प्रकार का व्यवहार पाकर जहां बच्चे की संतुष्टि होगी, वहीं वह और अच्छे कार्य करने के लिए उत्साहित होगा।

अभिभावक अपने बच्चों के सामने अपनी इच्छाओं को रखें और अपनी अपेक्षाओं की चर्चा करें। इसमें बच्चों का सहयोग मांगें। यदि बच्चों की अभिरुचि उस कार्य में न हो तो उन पर अपनी इच्छाएं थोपने के प्रयास न करें।

यह सत्य है कि बच्चों के जीवन में प्रेरणाओं का बड़ा महत्त्व है, इसलिए बाल जीवन में ही समुचित प्रेरणाएं देनी चाहिए ताकि बच्चे अपने सामाजिक और पारिवारिक

जीवन में समायोजित होने लगें। यदि किसी बच्चे की प्रेरणाएं सामाजिक नियमों एवं प्रतिमानों के विपरीत होती हैं, तो बच्चे का सामाजिक समायोजन सही नहीं हो पाता। यदि बच्चे का समाजीकरण सही रूप में होता है, तो उसकी प्रेरणाएं प्रायः सामाजिक नियमों एवं प्रतिमानों के अनुरूप ही हुआ करती हैं।

प्रायः देखा जाता है कि बाल जीवन में एक ही समय में एक से अधिक प्रेरणाएं प्रबल हो जाती हैं। ऐसे बच्चे के मन में अनेक इच्छाएं प्रबल हो उठती हैं। वह पढ़ना भी चाहता है, कुछ काम करके परिवार की आर्थिक स्थिति भी सुधारना चाहता है, ऐसे बच्चे एक ही समय में सब काम नहीं कर पाते और उनमें द्वन्द्व की स्थिति पैदा हो जाती है। दुविधा में पड़ा हुआ बच्चा मानसिक तनाव में घिरने लगता है। संघर्ष का शिकार हो जाता है। यह संघर्ष यदि उग्र रूप धारण कर ले तो बच्चे के व्यक्तित्व पर बुरा प्रभाव पड़ता है। यदि ऐसे बच्चों का समाजीकरण सुचारु रूप से नहीं होता, तो वे सामाजिक मान्यताओं की उपेक्षा करने लगते हैं और अपराधी आचरण करने लगते हैं। यदि बच्चे की प्रेरणाएं कुंठित हो जाती हैं तो वह हताश-निराश हो जाता है। इसके साथ ही उसमें तनाव, हीन भावना, असंतोष, विद्रोही भावनाएं घर करने लगती हैं। ऐसी प्रेरणाओं की विफलता के परिणामस्वरूप बच्चों के व्यवहार हिंसक, आक्रामक और असामान्य हो जाते हैं। परिणाम स्वरूप बच्चे घर वालों पर ही बोझ बन जाते हैं।

बाल्यावस्था में प्रशंसा ही प्रेरक का काम करती है। बच्चों की प्रशंसा विभिन्न पुरस्कारों के माध्यम से की जा सकती है। इसके अतिरिक्त प्रतिद्वंद्वी भी प्रेरक का काम करते हैं। छोटे बच्चों को ही दूध पिलाने के समय मां उन्हें यह कहकर प्रेरित करती है, ''अच्छा देखें फर्स्ट कौन आता है...।'' और बच्चा फर्स्ट आने के लिए पूरा का पूरा दूध पी जाता है। इस प्रकार की प्रतिद्वंद्विता में यह बात ध्यान रखनी चाहिए कि बच्चा दूसरों से प्रतियोगिता करने में हीन भावना से ग्रसित न हो जाए। ऐसे में बच्चों में दूसरों के प्रति ईर्ष्या और द्वेष भावना भी प्रभावी होने लगती है।

प्रतिभाशाली बच्चों को प्रेरित करने के लिए निम्न प्रकार की मानसिक सोच अपनाएं। इन व्यवहारों को प्रेरणा के रूप में अपनाएं। बच्चों में उत्साह और स्फूर्ति बनी रहेगी। वे पारिवारिक अपेक्षाओं को पूरा करने में कोई कसर न छोड़ेंगे।

1. उनकी भावनाओं, इच्छाओं का सम्मान करें। उनमें अविश्वास न पैदा करें। उनकी छोटी से छोटी सफलता को भी सराहें।
2. मित्रों में उसके गुणों की चर्चा करें, उसकी कमियों, दोषों की चर्चा न करें।

3. स्वस्थ रहने के लिए प्रेरित करें। ताकि वह व्यक्तिगत सफाई, खान-पान, आराम, नींद के प्रति सजग रहे। बासी अथवा सड़ा-गला खाने से परहेज करें।
4. दूसरों से सहयोग लेने में संकोच न करें। न ही दूसरों से सहयोग लेने में पीछे रहें। दूसरों के सहयोग के बिना कोई भी व्यक्ति प्रगति नहीं कर सकता। बच्चों में यह भावना घर कर जानी चाहिए कि सहयोग लेने से मान-प्रतिष्ठा कम नहीं होती।
5. बच्चे अपनी सीमाएं जानें। उन्हें अपनी आर्थिक, सामाजिक सीमाओं का ज्ञान हो और वे अपनी इन सीमाओं, साधनों के अनुकूल ही व्यवहार करें। शेखचिल्लीपन की बातें करके हंसी और उपेक्षा के पात्र न बनें।
6. लक्ष्य की प्राप्ति के लिए हमेशा प्रयास करते रहें। असफलताओं के कारण विचलित न हों। यह बात उनके जहन में आ जानी चाहिए कि असफलता ही सफलता का आधार है। लक्ष्य प्राप्ति के लिए किए गए प्रयास कभी निष्फल नहीं होते। गीता की शिक्षाएं हमेशा बच्चों को काम करने की प्रेरणा देती हैं। गीता के उपदेश के अनुसार कर्म करना चाहिए फल की इच्छा नहीं करनी चाहिए। फल तो अवश्य मिलेगा। इस प्रकार की शिक्षाएं, उपदेश बच्चों को हमेशा लक्ष्य प्राप्ति के लिए संकल्पित करते हैं और बच्चे लक्ष्य प्राप्त कर लेते हैं।
7. मनोविज्ञान में प्रशंसा, निंदा और प्रताड़ना को प्रेरकों के रूप में वर्णित किया गया है। प्रशंसा पाकर जहां बच्चे उत्साहित होते हैं, वहीं निंदा उन्हें सामाजिक मान्यताओं के प्रति सचेत करती है। निंदा का भय उसे हर बुरे काम के लिए रोकता है। इसी प्रकार से प्रताड़ना भी उसे बुरे कामों के लिए हतोत्साहित करती है। चोरी करने पर सजा मिलती है, झूठ बोलने पर उसका अपमान ही होगा जैसी बातें हमेशा प्रेरणा देती रहती हैं और वह इस प्रकार के असामाजिक कार्यों के प्रति हतोत्साहित होता है। बच्चा चाहे कक्षा में हो अथवा घर में, खेल के मैदान में हो अथवा मित्र मंडली के साथ, उसे हमेशा अपनी प्रशंसा अर्जित करने की चाह बनी रहती है।

बच्चे दूसरों से भी प्रेरणा लेते हैं। परिवार अथवा पड़ोस में यदि कोई व्यक्ति उसके आदर्शों के अनुकूल रहता है, तो उसके कार्यों, व्यवहारों से प्रेरणा लेकर वह उसके अनुरूप बनना चाहता है। अनुकरण की इस प्रेरणा से ही बच्चे फिल्मी हीरो-हीरोइन के कार्यों से प्रभावित होते हैं और वे उसी प्रकार का आचरण कर उसके समान ख्याति प्राप्ति के प्रयास करते हैं।

विपरीत सेक्स से प्रेरित होना भी किशोरों के स्वभाव में आ जाता है। विपरीत सेक्स के प्रति यही प्रेरणा उसे जीवन में प्रेमिका अथवा पत्नी के लिए आसमान के तारे तोड़ लाने के लिए प्रेरित करती है और वह जीवन में सभी कठिनाइयों को झेलते हुए भी साहसपूर्ण तरीके से सभी समस्याओं को हल कर अच्छा जीवन यापन करने के योग्य बनता है।

21

प्रतिभाशाली बच्चे और आप

> *प्रतिभा संपन्न बच्चा चुनौतियों से प्रेरणा लेने वाला, स्वभाव से चेतन, दूरदर्शी, हर बात को ध्यान से सुनने-समझने वाला, सीखने के लिए आतुर, श्रेष्ठ श्रोता, अपनी उपलब्धियों पर इतराने वाला, आलोचक होता है।*

घर, स्कूल और समाज में यदि बच्चों को विकास के अनुकूल और अधिकतम अवसर मिले, मानसिक स्वास्थ्य संबंधी उन्हें कोई कठिनाई न हो, तो ऐसे बच्चे प्रतिभाशाली बच्चे होते हैं। प्रत्येक परिवार की इच्छा होती है कि उसका बच्चा प्रतिभा संपन्न हो, ताकि वह परिवार की आशाओं-अपेक्षाओं को पूरा कर सके। जबकि मनोविज्ञान के अनुसार सब प्रकार से श्रेष्ठ होते हुए भी सभी बच्चे प्रतिभावान नहीं होते, क्योंकि सामाजिक समायोजन, संवेग और अन्य प्रकार की अनेक परिस्थितियां बच्चों को प्रतिभावान बनाती हैं और प्रतिभावान बच्चों को ही 'सनकी', 'अपरिपक्व', 'डल', 'भीरु' बनाती हैं। इसलिए प्रतिभावान बच्चों के साथ भी अभिभावकों का व्यवहार बड़ा संतुलित होना चाहिए।

कुछ मनोवैज्ञानिकों का यह मत है कि प्रतिभावान बच्चे भी मानसिक रूप से बड़े दुर्बल, अंतर्मुखी, असुरक्षित अनुभव करने वाले होते हैं और यदि उनके सम्मुख उनकी योग्यता और प्रतिभा के अनुकूल किसी प्रकार की चुनौतियों को न रखा जाए, तो वे भी अपने आपको पिछड़ा हुआ, कमजोर और हीन अनुभव करते हैं और यह हीनता ही उनकी सबसे बड़ी समस्या बन जाती है।

अतः प्रतिभावान बच्चों के समक्ष उनकी मानसिक सोच के अनुकूल ही चुनौतीपूर्ण कार्य रखने चाहिए, जैसे कक्षा चार के बच्चे को गिनती का ज्ञान कराने के लिए उससे पत्थर के टुकड़े नहीं गिनवाने चाहिए। इसी प्रकार से एक प्रतिभावान बच्चे के समक्ष ऐसा कोई सरल काम नहीं रखना चाहिए जिसके करने से उसकी किसी

रुचि का शमन ही न हो। भारी मोटरगाड़ियां चलाने वाले के सामने हलकी कार को चलाने के लिए रखना उसी प्रकार का एक व्यवहार होगा। प्रतिभाशाली बच्चों को यदि उनकी मानसिकता के अनुकूल कुछ कठिन, दुरूह और सोच वाले काम नहीं रखे जाते तो उनकी प्रतिभा कुंठित हो जाने का भय रहता है। अतः ऐसे प्रतिभाशाली बच्चों को वैज्ञानिक, अन्वेषक बनने का लक्ष्य रखना चाहिए ताकि वे अपनी मौलिक प्रतिभा का उपयोग ऐसे कार्यों के लिए कर सकें।

स्कूलों में प्रतिभा संपन्न बच्चे लगभग एक प्रतिशत होते हैं। ये बच्चे शारीरिक दृष्टि से स्वस्थ, सामाजिक दृष्टि से समायोजक, व्यक्तित्व के धनी, खेलने में प्रवीण और अन्य प्रकार की रुचियों वाले होते हैं। ये प्रायः शिक्षकों के आज्ञाकारी और अनुशासित होते हैं। घर में भी वे अभिभावकों के लिए समस्या पैदा नहीं करते।

प्रतिभावान बच्चे अपनी पूरी पढ़ाई के क्रम में कभी असफल नहीं होते और हाई स्कूल तक आते-आते उनकी प्रतिभा रंग लाने लगती है और वे अपनी प्रतिभा के सहारे आगे बढ़ने लगते हैं। उनके सामाजिक समायोजन में भी कोई कठिनाई अथवा बाधा नहीं आती।

स्कूली जीवन में ऐसे प्रतिभावान बच्चे अपने शैक्षिक स्तर को श्रेष्ठ सिद्ध करने लगते हैं और इसीलिए वे अपने शिक्षकों की नजरों में आ जाते हैं। ऐसे बच्चों को शिक्षक बड़े आत्मीय भाव से सम्मान की दृष्टि से देखते हैं और ऐसे बच्चों की भावनाओं की भी कद्र करते हैं। उन्हें सब प्रकार की सहायता, सहयोग और प्रेरणा यहीं से मिलती है। उनकी ये सफलताएं घर तक पहुंचने लगती हैं जिससे वे परिवार में भी उसी प्रकार का स्नेह, सहयोग और आत्मीयता पाने लगते हैं।

प्रतिभावान बच्चे ही आगे बढ़ते हैं, चूंकि इनका प्रतिशत बहुत कम है इसलिए ऐसे बच्चे ही देश-विदेश में अच्छे पदों पर आसीन होते हैं और कॉलेज स्तर की शिक्षा प्राप्त करते हैं। ऐसे बच्चों को ही विदेशों में जाने के अवसर भी मिलते हैं।

प्रतिभावान बच्चे चाहे वे नौकरी करें अथवा कोई व्यवसाय, वे जहां भी होते हैं सफलता उनके कदम चूमती है, इसलिए ऐसे बच्चों के संबंध में निरर्थक आशंकाएं मन में नहीं लानी चाहिए। चूंकि वे अपनी प्रतिभा का उपयोग करते हैं, इसलिए उन्हें स्वतंत्र रूप से कुछ करने के लिए छोड़ देना चाहिए।

अभी तक यह मान्यता समाज में प्रचलित थी कि प्रतिभावान बच्चे केवल कुलीन घरानों से ही आते हैं। वंश परम्परा के लोग ही शैक्षिक और व्यावसायिक उच्चता हासिल कर पाते हैं, लेकिन यह मान्यता अब बदलती जा रही है और इस मान्यता

के अपवाद स्वरूप अनेक उदाहरण मिलते हैं, फिर भी यदि प्रतिशत निकाला जाता है तो यह बात कुछ हद तक सही मिलती है।

असाधारण रूप से योग्य और प्रतिभाशाली बच्चों के लिए शिक्षा का क्या प्रबंध किया जाए, इस विषय में विचारकों के मत चाहे जो भी हों, लेकिन इस विषय में हमारी सोच यही है कि परिवार में यदि आपका बच्चा प्रतिभावान है, असाधारण योग्यता वाला है, तो आप उसकी इस योग्यता, प्रतिभा का पूरा-पूरा उपयोग करें। यदि बच्चे की बुद्धि लब्धि सामान्य से अधिक है, तो उसे उसकी रुचि के अनुकूल व्यस्त रखें। वह चाहे घर के काम हों अथवा कला की साधना। अपनी रुचि के अनुकूल कार्य पाकर उसकी प्रतिभा में जो निखार आएगा वह उसे जीवन के विभिन्न क्षेत्रों में सफलता के नित्य नए मान स्थापित करने-कराने में सहयोगी बनेगा।

प्रतिभा सम्पन्न बालक की विशेषताएं

प्रतिभा संपन्न बच्चों में ऐसी अनेक विशेषताएं पाई जाती हैं जो परिवार के अन्य बच्चों में नहीं होतीं। यदि आप उसका सूक्ष्म निरीक्षण करेंगे तो आपको ये विशेषताएं दिखाई देंगी।

मानसिक विशेषताएं

प्रतिभावान बच्चे मानसिक रूप से अधिक तेज होते हैं। उनकी स्मरण शक्ति, स्मृति, कल्पना, तर्क, चिंतन और समायोजन करने की शक्ति अधिक होती है। यदि छोटी बच्ची से यह पूछा जाए कि तू किसकी बेटी है? तो वह मां-बाप के सामने खड़ी-खड़ी सोचती है, फिर अपनी विवेक शक्ति का उपयोग कर एक तरफा निर्णय न लेती हुई यही कहती है— दोनों की...।

बच्चों की यह सोच उसके सामाजिक समायोजन का प्रमाण है।

ऐसे प्रतिभावान बच्चे कक्षा में अपनी आयु के अन्य लड़कों की तुलना में अधिक तीव्र बुद्धि कौशल वाले होते हैं, इसलिए अन्य बच्चे उनका सम्मान करते हैं और ऐसे बच्चों से मित्रता करने के लिए लालायित रहते हैं।

प्रतिभावान बच्चों की रुचियां भी अन्य बच्चों की तुलना में अधिक व्यापक, विकसित और विविध होती हैं। कुछ बच्चे यदि किताबें पढ़ने के शौकीन होते हैं तो ऐसे प्रतिभावान बच्चे नई-नई पुस्तकें पढ़ते हैं, उनकी मुख्य बातों को नोट करते हैं, यहां तक कि वे इन्हें कंठस्थ कर विभिन्न अवसरों पर इनके उदाहरण भी प्रस्तुत करते हैं। कक्षा की प्रतिष्ठा इन्हीं प्रतिभावान बच्चों से बनती है।

प्रतिभावान बच्चा किसी भी विषय को अधिक समय तक याद रख सकता है, वह एकाग्रता से सुनता-समझता है और उसमें अपनी ओर से संदर्भ जोड़ कर इसे नए रूप में प्रस्तुत करने की योग्यता रखता है।

प्रतिभावान बच्चों को अधिक समझाने की आवश्यकता नहीं होती। वे दिए हुए निर्देशों को शीघ्र ही समझ लेते हैं और अभीष्ट ज्ञान अर्जित कर लेते हैं। इस प्रकार से उन्हें समझने-समझाने में बहुत कम समय लगता है।

प्रतिभा संपन्न बच्चे स्वभाव से दयालु, उदार, ईमानदार, परोपकारी, मृदुभाषी होते हैं। वे चंचल होते हैं लेकिन उनकी चंचलता भी मर्यादित होती है। हंसना-हंसाना भी मर्यादित होता है।

प्रतिभाशाली बच्चों में नेतृत्व करने की इच्छा होती है और उनके नेतृत्व में अन्य बच्चे अनुशासित भी रहते हैं। इस प्रकार से प्रौढ़ावस्था को पाकर ऐसे प्रतिभाशाली बच्चे उच्च प्रशासनिक पदों पर पहुंचते हैं और अपनी योग्यता, क्षमता और प्रतिभा के सहारे कुशल प्रशासक बनते हैं।

जैसा कि बताया गया है कि प्रतिभाशाली बच्चों में कुछ अतिरिक्त योग्यताएं भी होती हैं। यदि कोई बच्चा अच्छा गाता है, तो उसमें वाद्य बजाने की कला भी होगी। यदि कोई पढ़ने-लिखने में तेज है, तो उसका लेखन भी सुंदर होगा। इसलिए उन्हें कई प्रकार की समस्याओं का सामना नहीं करना पड़ता। ऐसे बच्चों की कुछ अपनी निजी समस्याएं होती हैं। ऐसे प्रतिभाशाली बच्चे समाज, घर, कक्षा में अपने आप को दूसरे बच्चों से समायोजित नहीं कर पाते। उच्चता और अहम की भावना उसमें घर करने लगती है। वे अपने आपको दूसरों से अधिक सुंदर, श्रेष्ठ, बड़ा, उच्च, बुद्धिमान समझने लगते हैं। अहम भरी उनकी सोच ही उन्हें अकेला बना देती है। घमंडी स्वभाव के कारण लोग उनके दोस्त नहीं बनना चाहते और वे एक प्रकार से अकेले रह जाते हैं। अपसमायोजन के कारण वे बहुत परेशान रहते हैं। इसलिए यह बहुत आवश्यक है कि अभिभावक ऐसे प्रतिभावान बच्चों की प्रतिभा पर ध्यान दें ताकि उनमें अपनी इस योग्यता के कारण हीन भावना न आने पाए।

प्रतिभा सम्पन्न बच्चों के लिए व्यवस्थाएं

अलग कमरा

यदि आपका बच्चा प्रतिभा संपन्न है और आप चाहते हैं कि उसकी प्रतिभा को निरंतर प्रगति मिले, उसे सफलताओं का नया खुला आकाश मिले तो उसकी व्यवस्था के लिए पढ़ने-लिखने के लिए, सोने के लिए घर में एक अलग कमरा दें। इस

कमरे में उसकी आवश्यकताओं का सब सामान; जैसे- अलमारी, टेबल, कुर्सी, टी.वी. आदि हों ताकि वह अपने समय का सदुपयोग कर सके। प्रतियोगी परीक्षाओं की तैयारी के लिए ऐसे बच्चों को देर रात तक पढ़ना पड़ता है, इसलिए आवश्यक है कि उन्हें अपने अध्ययन, अभ्यास आदि के लिए पूरा-पूरा समय मिले। वे अपने नोट्स बनाएं और इन नोट्स को समय-समय पर पढ़ें।

विशेष अध्यापकों से संपर्क की सुविधा

अभिभावकों को चाहिए कि अपने प्रतिभा संपन्न बच्चे को ऐसे अध्यापकों की सुविधा प्रदान करें, जो न केवल अपने विषय में विशेषज्ञ हों बल्कि नई-नई बातें भी बच्चों को बता सकें। आजकल विभिन्न विषयों की क्लासेज लगती हैं। विभिन्न विषयों की गाइडें हैं। ऐसे सभी विषयों की व्यवस्था करें जो बच्चों की प्रतिभा से संबंधित हों, ताकि ये बच्चे अपने आपको कहीं भी अकेला अनुभव न करें। कोचिंग क्लासों के माध्यम से भी विभिन्न विषयों की पढ़ाई कुछ अध्यापक कराते हैं। अभिभावकों को चाहिए कि वे बच्चों की इन विषय गत आवश्यकताओं को अवश्य पूरा करें।

प्रतिभाशाली बच्चों का पाठ्यक्रम

आप चाहे कितने ही संपन्न, पढ़े-लिखे प्रगतिशील सोच वाले क्यों न हों, प्रतिभा संपन्न बच्चों के पाठ्यक्रम से पूरी तरह से परिचित नहीं हो सकते, इसलिए जैसे ही आप प्रतिभाशाली बच्चों के अध्ययन, शिक्षण, प्रशिक्षण की बात करें, उन्हें इसमें प्रवेश दिलाएं अथवा इसकी तैयारी करें तो उसके पाठ्यक्रम की पूरी-पूरी व्यवस्था करें। इस प्रकार के पाठ्यक्रम से परिचित हो जाने के बाद ही बच्चा अपनी क्षमताओं का मूल्यांकन अपने स्तर पर करेगा और अपने शैक्षिक स्तर को उसके अनुरूप बनाने की कोशिश करेगा। इससे न केवल उसमें विषयगत जानकारी बढ़ेगी, बल्कि वह इसके अन्य प्रयास भी करेगा।

विशेषज्ञों से परिचित कराना

प्रतिभा संपन्न बच्चों को उनकी विभिन्न रुचियों के अनुसार उस विषय से संबंधित विशेषज्ञों से परिचित कराने का दायित्व भी अभिभावकों का है। विषय विशेषज्ञों से परिचय प्राप्त होने के बाद बच्चों को उस क्षेत्र में आने वाली कठिनाइयों की जानकारी मिल जाएगी। आने वाली समस्याओं के समाधान के बारे में कुछ अनुभव प्राप्त हो जाएंगे। इस प्रकार की जानकारी उनके उन्नत क्षेत्र की जानकारी होगी। इस प्रकार की जानकारी से वे प्रेरित और प्रोत्साहित होंगे।

पुस्तकालय की सुविधा

पुस्तकें ज्ञान का भंडार हैं, सबसे अच्छी मित्र हैं, समय का सदुपयोग हैं। चूंकि प्रतिभा संपन्न बच्चे जिज्ञासु प्रवृत्ति के होते हैं। उनमें नया जानने की तीव्र इच्छा होती है। उनकी इस इच्छा की पूर्ति का सर्वोत्तम साधन पुस्तकें हैं। चूंकि पुस्तकों का इतना बड़ा भंडार होना संभव नहीं होता, अतः प्रतिभा संपन्न बच्चों को स्थानीय पुस्तकालयों की सदस्यता दिला देनी चाहिए, ताकि वे अपनी रुचि की विभिन्न लेखकों की पुस्तकें ला-ला कर पढ़ सकें और उनसे अर्जित ज्ञान भंडार से न केवल अपनी जिज्ञासाओं की पूर्ति करें, बल्कि अपनी प्रतिभा को भी निखारें।

पत्राचार पाठ्यक्रम

विभिन्न विषयों के पत्राचार पाठ्यक्रम प्रचलित हैं। प्रतिभा संपन्न बच्चों को चाहिए कि वे अपनी आवश्यकता के अनुसार इन पाठ्यक्रमों के द्वारा अपनी प्रतिभा को निखारें। आजकल लेखन, व्यापार, पत्रकारिता, चिकित्सा, फैशन डिजाइनिंग, ब्यूटी पार्लर आदि से संबंधित पत्राचार पाठ्यक्रम चलते हैं, बच्चों को उनकी रुचि के अनुसार इन पाठ्यक्रमों में भाग लेकर इनसे संबंधित ज्ञान प्राप्त करना चाहिए। इसके अतिरिक्त बच्चों को अपनी रुचि के अनुसार विद्यालयों में चलने वाली पाठ्य सहगामी क्रियाएं जैसे– स्काउटिंग, एन.सी.सी., नाटक, गीत-संगीत, भाषण, वाद-विवाद आदि में भाग लेकर अपनी प्रतिभा निखारने के अवसर देने चाहिए।

अवसर प्रदान करें

बच्चों को उनकी रुचि के अनुकूल अवसर प्रदान करें। यदि बच्चा एक स्तर के पाठ्यक्रम को पूरा कर चुका है तो उसे दूसरा पाठ्यक्रम देना चाहिए, ताकि उसे उस विषय से नीरसता न आए और नए विषय को पढ़कर उसमें उत्सुकता बनी रहे।

प्रोत्साहन

प्रतिभा संपन्न बच्चों को समय-समय पर उचित पुरस्कार देकर उसकी प्रतिभा को निखरने के अवसर प्रदान करने चाहिए। स्कूलों में तो समय-समय पर ऐसे प्रोत्साहन मिलते ही रहते हैं, घर में भी उसे प्रोत्साहित करने के लिए उसकी रुचि की वस्तुएं, साधन दिलाने चाहिए, ताकि वह उस विषय में और भी प्रयत्न करता रहे।

इतिहास अथवा पुरातत्त्व में रुचि रखने वाले बच्चे को चार-छह दिन के लिए ऐतिहासिक भ्रमण पर ले जाएं अथवा भेजें, इससे उसकी प्रतिभा का तो विकास होगा ही साथ ही उसे अन्य ऐसी जानकारी भी मिलेगी जिसे वह अब तक केवल

किताबों में ही पढ़ता आया है। आगरा का फतेहपुर सीकरी का ऐतिहासिक महल मुगल कालीन राजाओं की नीतियों का जीता-जागता उदाहरण है, यहां घूमने के बाद इतिहास के बच्चे की अन्य अनेक जिज्ञासाएं भी पूरी होंगी।

प्रतिभा संपन्न बच्चों में नेतृत्व करने की बड़ी इच्छा होती है। वे इसके योग्य भी होते हैं और उनके नेतृत्व में अन्य बच्चों को भी कुछ सीखने को मिलता है। इसलिए बच्चा चाहे घर में हो अथवा स्कूल में, उसे ऐसे अवसर अवश्य प्रदान करने चाहिए। वास्तव में इस प्रकार का नेतृत्व पाकर जहां उसकी अनेक मनोवैज्ञानिक इच्छाओं का शमन होगा, वहीं उसमें अहम भाव भी नहीं आएगा।

आत्मगौरव की प्रवृत्ति

प्रतिभा संपन्न बच्चे में आत्मगौरव की प्रवृत्ति होती है। बच्चा दूसरों के सामने अपनी इस प्रवृत्ति का प्रदर्शन कर प्रशंसा पाना चाहता है। अतः अभिभावकों को चाहिए कि वे उसकी इस प्रवृत्ति को मनोवैज्ञानिक निदान दें। उसके अच्छे कार्यों, सफलताओं और उपलब्धियों की चर्चा अपने आस-पास करें। इस प्रकार की चर्चा उसे सफलता की नई पहल करने के योग्य बनाएगी और वह अपने विषय में किसी प्रकार की उदासीनता नहीं बरतेगा।

प्रतिभावान बच्चों के सामने यदि उनकी आवश्यकताओं और रुचियों की व्यवस्था न की गई, तो उनकी रुचियों में कमी आने लगेगी और हो सकता है कि वे अपनी इन रुचियों के प्रति उदासीन हो जाएं। इसलिए प्रतिभावान बच्चों की प्रतिभा को समृद्ध बनाने के लिए न केवल शिक्षकों को बल्कि अभिभावकों को भी उतना ही समय देना चाहिए। ऐसे बच्चों की प्रतिभा को स्थायित्व प्रदान करने के लिए उन्हें विविध प्रकार की कलाओं से परिचित कराना चाहिए और फिर किसी एक कला में प्रवीणता प्राप्त करने के प्रयासों में जुट जाना चाहिए।

22

प्रतिभा विकास के 21 टिप्स

टिप्स यानी कि निचोड़, अर्थात् सार। बच्चों की प्रतिभा विकास के क्रम में बच्चे स्वयं व्यावहारिक सोच के इन टिप्स को अपनाकर सफलताओं की नई ऊंचाइयों को छू सकते हैं। यह इस बात पर निर्भर करता है कि इन्हें बच्चे अपने जीवन में कितना स्थान देते हैं।

1. जीवन भर विद्यार्थी बने रहना अच्छी सोच है। जहां से भी कुछ सीखने को मिले सीखें। विद्यार्थियों के गुण के बारे में संस्कृत में श्लोक है :

   काकः चेष्टा बको ध्यानं, श्वान निद्रा तथैव च।
   अल्पाहारी गृहत्यागी, विद्यार्थी पंचलक्षणम् ॥

   अंग्रेजी में भी इस बात को इस प्रकार से कहा गया है कि Early to bed and early to rise, makes a man healthy, wealthy and wise.

2. 'फर्स्ट इम्प्रेशन इज द लास्ट इम्प्रेशन' का सिद्धांत जीवन के हर क्षेत्र में अपनाएं। जब भी आप किसी परिचित-अपरिचित व्यक्ति से मिलें, तो अपनी बातचीत, शिष्टाचार से दूसरों को प्रभावित करने में पीछे न रहें। आप अपनी बातचीत, पहनावे से दूसरों को प्रभावित करें। जब भी किसी को पत्र लिखें, भाषण दें, कक्षा में जाएं, कोई आप से मिलने आए, किसी सामाजिक उत्सव में जाएं, अपनी छाप छोड़कर आएं। जब भी दुबारा कोई आप से मिले, तो उसे आप से मिलने में प्रसन्नता हो।

3. अपनी इच्छा शक्ति, आत्मविश्वास, मनोवृत्ति आदि को सफलता का आधार मानें, इसलिए अपनी इच्छा शक्ति, मनोवृत्ति को साफ-स्वच्छ रखें। दूसरों को धोखा देने की सोच न पालें। हमारी सफलताओं का आधार हमारी मनोवृत्ति है। कभी भी नकल करके पास होने की सोच न पालें।

4. कोई भी व्यक्ति अपने आप में पूर्ण नहीं होता, न ही कोई ज्ञानपूर्ण होता है। हां, उसमें कुछ विशेषताएं हो सकती हैं। अपनी प्रतिभा के इस पक्ष को कभी न भूलें। अपनी विशेषताओं को उभारने के लिए उनका प्रदर्शन करें। इसके लाभ परिवार और सामाजिक क्षेत्र के लोगों को दें। अपने अतिरिक्त समय का सदुपयोग करने के लिए किसी भी सामाजिक, धार्मिक अथवा सांस्कृतिक संस्था से जुड़ें, इस संस्था को यथा शक्ति सहयोग करें। आपका यह सहयोग आर्थिक न भी हो तो भी महत्त्वपूर्ण हो सकता है।

5. जाने-अनजाने में भी यदि आपको किसी प्रकार की कोई बुरी आदत पड़ गई है तो जितनी जल्दी हो सके, उस आदत से छुटकारा पाने की मानसिक सोच अपनाएं। इस विषय में एक ही सिद्धांत अपनाएं **जब जागो तब ही सवेरा।** इसलिए जो बीत गया उस पर पश्चाताप न कर नया संकल्प करें। वह चाहे तम्बाकू खाने की आदत हो अथवा झूठ बोलने की। धूम्रपान की हो अथवा अन्य किसी प्रकार की। जो व्यवहार आप सबके सामने नहीं कर सकते, उसे ही करते हैं; ऐसे व्यवहार ही बुरी आदतों की श्रेणी में आते हैं। इस विषय में इतना संकल्प कर लें कि कोई भी आदत छोड़ी जा सकती है। केवल इच्छा शक्ति और संकल्प की आवश्यकता होती है। बड़ी से बड़ी बुरी आदत भी सरलता से छोड़ी जा सकती है।

6. खुशियां बांटने से बढ़ती हैं, इसलिए इन्हें बांटने में जरा भी कंजूसी न करें। दुखों की चर्चा भी दूसरों के सामने अवश्य करें। कहने से दुख हलका हो जाता है। इस विषय में व्यावहारिक सोच यह भी है कि आप चाहे जहां अपना रोना लेकर न बैठ जाएं। दूसरों से सहानुभूति पाने के उद्देश्य से अपनी कमजोरियों, हीनताओं, अभावों का रोना रोकर आप जग हंसाई के ही पात्र बनते हैं। दूसरों से बड़ी-बड़ी अपेक्षाएं करना और फिर उनके पूरा न होने पर दुखी होना ठीक नहीं। किसी भी विषम परिस्थिति के समय केवल अपने हितैषी जनों (परिवार के सदस्यों; जैसे– पुत्र, पुत्री, पति, पत्नी) से मिलकर विचार-विमर्श कर किसी उचित निर्णय पर पहुंचें। परिवार के सदस्यों की इस राय को तब प्रतिष्ठा दें जब उनकी सोच भी आप जैसी ही हो। अपनी राय को उन पर न थोपें।

7. सोचे हुए कार्यों को पूरा करें, उन्हें कल पर न टालें। क्योंकि जो काम करना है, जिस पर आप अंतिम निर्णय ले चुके हैं। उसे कल पर टालना न केवल आपको मानसिक रूप से बोझिल बनाएगा, बल्कि आप अपने अन्य कार्यों को भी न कर पाएंगे। क्योंकि दूसरा काम तब तक आपके मन में नहीं

आता, जब तक कि पहला पूरा नहीं हो जाता। इस विषय में यह सिद्धांत भी अपनाएं कि एक साथ दो-तीन कार्य न करें। दो नावों पर सवार होने वाला व्यक्ति नदी पार नहीं कर पाता। इसी बात को ऐसे भी कह सकते हैं कि दो घोड़ों पर सवारी नहीं की जा सकती।

8. आप चाहे विद्यार्थी हों या उच्च पदाधिकारी हों, आप किसी के प्रति व्यवहार के मामले में स्पष्टता रखें, लेन-देन का साफ-सुथरा हिसाब रखें, ईमानदारी पूर्वक अपने कार्यों में संलग्न रहें। छोटे-बड़ों के प्रति मर्यादित व मधुर व्यवहार रखें। दूसरों के प्रति सदा सम्मान भाव रखें। नकारात्मक विचारों को अपने मस्तिष्क में ज्यादा देर तक टिकने न दें। किसी भी असामाजिक व्यसनों से सदा दूर रहें। आप सच्चे कर्मों से अपने अधिकारियों के मन में ये विश्वास पैदा कर दें कि आप उनके परम हितैषी, शुभचिंतक और सहयोगी हैं।

9. आप चाहे कितने ही धनी, साधन संपन्न अथवा प्रभावशाली क्यों न हों, दूसरों को महत्त्व देने की मानसिक सोच अपनाएं। इससे जहां आपकी साधन शक्ति बढ़ेगी, वहीं आपकी समस्याएं शीघ्र हल हो सकेंगी। क्योंकि जहां सुई काम करती है, वहां तलवार काम नहीं आती। अपने दैनिक जीवन में छोटी बातों, छोटे आदमियों का ध्यान रखें। ये छोटी-छोटी बातें ही कभी-कभी इतनी बड़ी बन जाती हैं कि प्रतिष्ठा दांव पर लग जाती है। इसलिए छोटे व्यवहार को भी उतनी ही गंभीरता से लें। छोटी बातें ही बड़ी बनती हैं।

10. अपनी आर्थिक और सामाजिक सीमाएं जानें। केवल दूसरों के देखा-देखी कोई ऐसी बात या व्यवहार न करें जिसमें आपको असफलता का मुंह देखना पड़े। आप चाहे कोई-सा भी काम करें, आर्थिक पहलू हमेशा ध्यान में रखें। सब हो जाएगा.. जैसी सोच आपको हमेशा कठिनाई में डालेगी और आप अनावश्यक रूप से मानसिक तनाव में घिरेंगे। मामला चाहे बच्चों की पढ़ाई का हो अथवा शादी-ब्याह का, हमेशा अपनी आर्थिक सीमाओं का ख्याल रखें। अपने साधनों को इस प्रकार से सजाएं कि आपको कठिनाइयों का सामना न करना पड़े। अपनी आय का कम से कम दस प्रतिशत हिस्सा भविष्य की योजनाओं के लिए बचाकर रखें, इस बचत की जानकारी परिवार के सभी सदस्यों को होनी चाहिए।

11. जब तक आप किसी विषय पर उसका भाव लिख न सकें, उसे अपने शब्दों में व्यक्त न कर सकें, दूसरों को समझा न सकें, तब तक यह समझना चाहिए कि आपको उस विषय विशेष की पूरी जानकारी नहीं है। परीक्षाओं में अपनी बात को लिखने के बाद ही आप दूसरों को संतुष्ट कर, अंक प्राप्त

करते हैं, परीक्षाओं में सफलता प्राप्त करते हैं। इसलिए इस विषय में इसी सिद्धांत को अपनाएं। अपने विचारों को कागज पर लिखने की आदत डालें। ऐसा करके आप नए विचारों को आने के लिए रास्ता बनाते हैं। यदि आप समझते हैं कि ये विचार दूसरों के लिए उपयोगी हो सकते हैं, दिशा दे सकते हैं, तो इन्हें प्रकाशित कराने के प्रयास अवश्य करें। इस प्रकार के प्रकाशन से न केवल आपकी मौलिक प्रतिभा का विकास होगा बल्कि आप अच्छे पत्रकार, लेखक अथवा कवि बन सकेंगे।

12. प्रत्येक व्यक्ति के जीवन में कुछ न कुछ सुअवसर अवश्य आते हैं। ये अवसर बताकर नहीं आते। इसलिए इन अवसरों से लाभ उठाने के लिए हमेशा तत्पर रहें। अवसर निकल जाने के बाद पश्चाताप करना मूर्खता है। अवसर से लाभ उठाने का अर्थ अवसरवादी होना नहीं, बल्कि जागरूक होना है। प्रत्येक कार्य को समय पर करना चाहिए। बारह-पंद्रह वर्ष की आयु के बच्चे को पहली कक्षा में प्रवेश दिलाने से लाभ की अपेक्षा हानि ही हो सकती है। यदि अवसर निकल जाने पर कोई काम करते हैं तो सफलता मिलना कठिन होता है।

13. व्यक्ति के कर्म उसके शब्दों से कहीं अधिक जोर से बोलते हैं। आशय यह है कि अपने बारे में बोलें कम, करें अधिक। इससे आपकी प्रतिष्ठा तो बढ़ेगी ही साथ ही आपके विचारों में भी वृद्धि होगी।

14. यदि आपके किसी मित्र अथवा स्वजन का कोई व्यक्ति आपके मित्र का संदर्भ देकर आपसे मिलने आता है तो ऐसे व्यक्ति को महत्त्व दें, इससे जहां आपकी प्रतिष्ठा बढ़ेगी, वहीं जिसने आपके पास उसे भेजा है उसकी भी मान-प्रतिष्ठा बढ़ेगी।

15. हम चाहे कहीं भी हों, हमारे व्यवहार और सोच में कुछ विशिष्टता होनी चाहिए। जैसे प्रसन्न होकर दूसरों का अभिवादन करना, स्वागत करना, मित्रों अथवा सगे-संबंधियों की कुशलता पूछना, उनकी प्रगति की जानकारी लेना, आदि ऐसे व्यवहार हैं, जो आपको दूसरों से कुछ अलग बनाते हैं।

16. जब भी आप उदास हों, दूसरों की याद आ रही हो, हीनता का कोई भाव मन में आ रहा हो, बोर हो रहे हों, करने के लिए कोई काम न हो, किसी काम को करने की इच्छा न हो, तुरंत अपने आसपास ऐसे किसी कार्य को करने की सोचें जो इनसे भिन्न हो; जैसे– गमलों में पानी देना, पेड़-पौधों का रख-रखाव, अखबारों, पत्र-पत्रिकाओं को सहेज कर रखना, दूसरों को पत्र लिखना, आदि। इस प्रकार के कार्य से जहां आपकी मानसिकता में अंतर

आएगा वहीं आपकी रचनात्मक शक्ति प्रकट होगी, जो आपको उदासी और हीनता से मुक्त करेगी।

17. जिस प्रकार से कोई रोग एकाएक नहीं होता, उसी प्रकार कोई आदत एक दिन में नहीं पड़ती, समृद्धि एक दिन में नहीं आती, उसी प्रकार से हमारा स्वास्थ्य भी एक दिन में ठीक नहीं होता, इसलिए ऐसे सभी व्यवहारों के लिए धैर्य, साहस और विवेक से काम लें। इस विषय में आपकी सतर्कता और धैर्य ही एक मात्र साधन है।

18. अपनी व्यक्तिगत सफाई, जैसे कपड़े, दांत, नाखून, मुंह, बाल, जूते-मोजे, टाई, रूमाल आदि का आप स्वयं ध्यान रखें और इस विषय में अपने आप से कोई समझौता न करें। यदि आप जूते पहने हैं, उन पर पालिश नहीं है, फीते बंधे हुए नहीं हैं, तो यह एक दोष है और आप इस दोष के कारण कभी भी उपेक्षा के पात्र बन सकते हैं। आप अपने मन में यह कभी न लाएं कि क्या फर्क पड़ता है? वास्तव में इन सब का फर्क पड़ता है। इसलिए इस विषय में किसी भी स्तर पर उदासीनता न बरतें।

19. बोलने में शक्ति का ह्रास होता है। अतः निरर्थक बोलकर अपनी शक्ति का अपव्यय न करें। उस विषय में केवल इतना ही काफी है कि आप दूसरों को बोलने के अधिक अवसर दें। जब आप ज्यादा बोलते हैं तो निश्चय ही आप कुछ अनर्गल बोल जाते हैं। जिसका प्रभाव दूसरों पर अवश्य पड़ता है। यह तो आप जानते ही हैं कि छूरी, चाकू का घाव तो समय के साथ भर जाता है, लेकिन बात का घाव नहीं भरता। इसलिए अपने सामाजिक, पारिवारिक और कामकाजी क्षेत्र में कम बोलें, मृदुल बोलें। अपनी बात का महत्त्व समझें और अनावश्यक रूप में 'मेरी मानो तो..।' जैसी बातें कह कर बिना मांगे सलाह न दें।

20. अपने वस्त्र, बनाव-श्रृंगार, मेकअप, केश विन्यास आदि सब कुछ अपने पद की गरिमा के अनुसार रखें। इस विषय में कहा जाता है कि 'हमारा दर्जी ही हमारे व्यक्तित्व को सिलता है।' आशय कपड़े से है। हमेशा मौसम के अनुसार कपड़े पहनें। तेज रंगों वाले चटक, पारदर्शी कपड़े, नग्नता को बढ़ावा देने वाले फैशन के वस्त्र आपकी प्रतिष्ठा घटाते हैं, आपको आलोचना और चर्चा का केंद्र बनाते हैं। महिलाओं को ऐसे वस्त्र, आभूषण 'सेठानी', 'देशी मैम', 'छछूंदर' जैसे नाम प्रदान करते हैं। अतः इनसे बचें। यदि फिर भी आप ऐसे कपड़ों को धारण करते हैं, तो लोग आप पर आवाजें तो कसेंगे ही साथ ही आप राह चलते छेड़-छाड़ का केंद्र भी बन सकते हैं। अपने

कपड़ों के रंग ऐसे चुनें, जो आपके व्यक्तित्व पर सुरुचि पूर्ण लगें। सादगी एक ऐसा फैशन है, जो कभी नहीं बदलता। इस विषय में आप सफेद, बादामी, हलके गुलाबी वस्त्रों का चयन कर देखें, आपके व्यक्तित्व पर चार चांद लग जाएंगे।

कलर कंबीनेशन का अपना महत्त्व है। इसलिए आप चाहे सरकारी संस्थान में हों अथवा घर में, परदे, दीवारें, रंग मैचिंग ही होने चाहिए। यह मैचिंग आपकी सुरुचिपूर्ण रुचियों का परिचायक बन सकता है। कपड़ों को पहनते समय बेतुके कपड़े न पहनें। हाफ बुशर्ट के नीचे पाजामा पहनकर जोकर न बनें। इसी प्रकार सफारी सूट के साथ हवाई चप्पल पहन कर दूसरों के लिए आकर्षण का केंद्र न बनें। फटे कपड़े पहनने से अच्छा है आप उन्हें सी लें। अच्छी वेश-भूषा, बनी हुई क्लीन शेव, सजा संवरा चेहरा बच्चों में, बड़ों में आत्मविश्वास पैदा करता है। अच्छी वेश-भूषा से तात्पर्य महंगे वस्त्रों से बिल्कुल नहीं है, बल्कि ऐसे वस्त्रों से है जो व्यक्तित्व को निखारें, उसे दबाएं नहीं। काले कपड़े तब तक न पहनें जब तक कि कलर कम्बीनेशन की मांग न हो।

21. अपने सामाजिक और पारिवारिक जीवन में सहनशीलता को एक गुण के रूप में विकसित करें। सहनशीलता बच्चों को चिड़चिड़ा होने से बचाती है, उसे आशावादी, साहसी और आत्मनिर्भर बनाती है। सहनशील बच्चे शिष्ट, व्यवहार कुशल और समझौतावादी होते हैं। सहनशीलता ही उसे दूसरों के प्रति उदार दृष्टिकोण बनाए रखने के लिए प्रेरित करती है।

इस क्रम में यह भी ध्यान रखना चाहिए कि प्रत्येक समाज की कुछ अपनी निजी मान्यताएं, सिद्धांत, रीति-रिवाज, आदर्श और लोक परम्पराएं होती हैं। अतः अभिभावकों को चाहिए कि वे समय-समय पर घर में आयोजित होने वाले सामाजिक और धार्मिक उत्सवों में बच्चों को शामिल करें और उन्हें अपनी संस्कृति का परिचय कराएं। उन्हें अपने पारिवारिक रीति-रिवाजों से अवगत कराएं। जो बच्चे बचपन में इन बातों से वंचित रह जाते हैं, वे अपनी इन परम्पराओं का पालन नहीं कर पाते, जिससे उनमें हीनता आ जाती है और वे अनावश्यक रूप से तनावों से घिरे रहते हैं। ऐसे बच्चे अपने समाज से समायोजन नहीं कर पाते। जैन समाज हो अथवा सिख समाज, कश्मीरी बच्चा हो या फिर असमिया, केरल का हो अथवा बंगाल का, उसे अपनी सामाजिक मान्यताओं पर गर्व होता है और गर्व गौरव का यह भाव उसे हीनताओं से मुक्ति दिलाता है। उसके अहम भाव की संतुष्टि होती है। उसे अपनी जाति, धर्म और देश पर गर्व होता है।

बच्चे के व्यक्तित्व और प्रतिभा को प्रभावित करने वाला कोई भी टिप उसके व्यक्तित्व को कहां मुखरित कर सकता है, यह जानना कठिन है। हां, इतना अवश्य है कि ये टिप्स उसकी शारीरिक रचना, स्वास्थ्य, संवेगों और बौद्धिक व्यवहारों को विकसित करेंगे और उसकी प्रतिभा में निखार आएगा।

www.ingramcontent.com/pod-product-compliance
Lightning Source LLC
Chambersburg PA
CBHW072158160426
43197CB00012B/2444
* 9 7 8 9 3 8 1 4 4 8 5 5 7 *